MONSIEUR

ET

MADAME

PAR

LE BARON DE LAMOTHE-LANGON,

Auteur de *M. le Préfet, la Femme du Banquier, l'Auditeur au Conseil d'Etat,* etc.

> Qui civilise
> Démoralise.
>
> *Recueil de Proverbes.*

II.

PARIS,

CHARLES LACHAPELLE, ÉDITEUR,

75, RUE SAINT-JACQUES.

—

1837.

MONSIEUR
ET
MADAME.

Publications nouvelles.

OUVRAGES DE TOUCHARD-LAFOSSE.

MARTHE LA LIVONIENNE, 2 vol.	
LES RÉVERBÈRES, deuxième édition, 6 vol. in-8.	45 fr.
LA PUDEUR ET L'OPÉRA, deuxième édition, 2 vol. in-8 et 4 vol. in-12.	
LES FILLES DU PARFUMEUR, LE FATAL PRÉJUGÉ, LES JOLIES FILLES, } 2 vol. in-8.	
LES AMOURS D'UN POËTE, 2 vol.	15 fr.
HISTOIRE DES ENVIRONS DE PARIS, 4 vol. in-8., ornés de 64 grav. et d'un plan.	18 fr.

OUVRAGES DE E.-L. GUÉRIN.

UNE FILLE DU PEUPLE ET UNE DEMOISELLE DU MONDE, 2 vol. in-8.	15 fr.
LA FLEURISTE, 2 vol. in-8.	15 fr.
UNE ACTRICE, 2 vol. in-8.	15 fr.
LE MARI DE LA REINE, ou L'ANGLETERRE EN 1546, 2 vol. in-8.	15 fr.
L'IMPRIMEUR, 5 vol. in-12.	15 fr.
LES DEUX CARTOUCHE DU XIXe SIÈCLE, ou ROBERT MACAIRE ET SON AMI BERTRAND, 4 vol. in-12.	12 fr.
LE SERGENT DE VILLE, 2 vol. in-8.	15 fr.
LA MODISTE ET LE CARABIN, 2 vol. in-8.	15 fr.
LE ROI DES HALLES, 2 vol. in-8.	15 fr.
MADAME DE PARABÈRE, 2 vol. in-8.	15 fr.
LE MARQUIS DE BRUNOY, 2 vol. in-8.	15 fr.

OUVRAGES DE MAX. PERRIN.

LA FEMME ET LA MAITRESSE, deuxième édit., 4 vol. in-12.	12 fr.
LES MAUVAISES TÊTES, 2 vol. in-8.	15 fr.
LA GRANDE DAME ET LA JEUNE FILLE, 2 vol. in-8.	17 fr.
SOIRÉES D'UNE GRISETTE, 4 vol. in-12.	12 fr.
LE PRÊTRE ET LA DANSEUSE, 4 vol. in-12.	12 fr.
LA SERVANTE MAITRESSE, 2 vol. in-8.	15 fr.
LA FILLE DE L'INVALIDE, 2 vol. in-8.	15 fr.

LAGNY. — Imp. d A Le Boyer et Comp.

MONSIEUR
ET
MADAME

PAR

LE BARON DE LAMOTHE-LANGON,

Auteur de *M. le Préfet, la Femme du Banquier, l'Auditeur au Conseil d'Etat*, etc.

> Qui civilise
> Démoralise.
> *Recueil de Proverbes.*

II.

PARIS,
CHARLES LACHAPELLE, ÉDITEUR,
75, RUE SAINT-JACQUES.
—
1837.

La Jalousie.

Sans jalousie, l'amour existe-t-il ou bien n'est-ce que le résultat de l'amour-propre.

RESTIF *de la Bretonne.*

XVIII.

Tandis que les fêtes succédaient aux fêtes, chez les Marsail et chez leurs principaux amis, le marquis de Molène poursuivait, d'un côté, le plaisir dans le fracas du monde, et de l'autre, cherchait le bonheur, en donnant à la vertueuse Ombeline les instans qu'il enlevait à la frivolité : il ne goûtait de charme pur que dans cette maison tranquille, il y revenait souvent, il s'y retrempait un goût des beaux-arts et de la littérature ; musicien, peintre, il devenait professeur de réthorique pour instruire la pauvre fille, écolière intelligente, qui le payait richement par un regard ou par un sourire.

Assis auprès d'elle, ayant déjà donné son cœur, et en ayant reçu un autre en échange, il aimait, il était aimé, et néanmoins aucune déclaration n'avait eu lieu ; sont-elles nécessaires ? elles ne servent qu'à faire rougir la pudeur. Quand deux âmes se confondent, tout le leur annonce. Elles n'ont plus qu'une pensée, qu'une volonté, qu'un désir. Ce rapprochement intime, cette confusion de sentimens découvre ce que l'œil indifférent n'aperçoit pas encore : on est à soi, on est en soi, on se voit, on s'éprouve, et néanmoins la vertu rassurée ne rougit point, il n'y a là, rien de cette passion désordonnée, de ce délire criminel qui a donné naissance à la Vénus terrestre.

Oh! que l'amour épuré ressemble peu à la volupté grossière, délices ineffables qui consistent dans la seule présence de l'objet aimé, où le bonheur est dans la croyance qu'il existe, où confiant et rempli d'abandon, on se flatte de posséder ce que rien de positif ne vous accorda, où l'on craint, où l'on fuit tout ce qui rabaisserait l'âme aux volontés grossières des sens.

Ombeline serait morte d'effroi si Eusèbe se fût expliqué, car le mariage était-il possible entre elle et un homme riche et d'un rang élevé; n'était-ce pas plutôt un divertissement que cet étranger voulait prendre, cependant, rien ne l'annonçait. Réservée, simple, ne manifestant aucune prétention criminelle; sa conversation était celle d'un honnête homme, d'un père tendre, sauf qu'elle avait plus de de vivacité et d'expansion ; il ne s'expliquait pas, il est vrai, mais son empressement, le nombre, le retour périodique, la longueur de ses visites, tout prouvait combien il était heureux auprès d'elle. De son côté, Ombeline se montrait gaie, affectueuse, familière presque, sans néanmoins fournir à des espérances coupables; il fallait reconnaître dans ses manières la candeur d'une personne étrangère au vice et que conserve le sentiment inné de la vertu.

Chaque jour, chaque entrevue, resserrait cette liaison; Eusèbe continuait d'en faire un mystère à Louis Dumar qui, tout au besoin de s'enrichir, ne songeait pas à le questionner sur l'emploi de son temps, et lorsqu'il allait chez la jeune fille, il la trouvait également silencieuse sur le compte du marquis.

Lui, se taisait, il laissait agir le temps et la puissance irrésistible que prennent presque toujours les qualités unies à la beauté, aux talens.

Eusèbe entrait dans la maison où logeait Ombeline. Le facteur de la porte, qui déjà l'avait vu avec cette jeune fille, lui demanda s'il voulait se charger de monter une lettre à l'adresse de *mademoiselle Ombeline de Nurmain*. C'était la première fois que le nom de famille de cette belle personne frappait ses yeux; il répond affirmativement, veut payer, on lui fait observer qu'elle est franche.

A mesure qu'il approchait de l'étage où était l'appartement de l'ouvrière, il ralentissait sa marche, afin d'avoir le loisir de mieux examiner cette lettre qui, sans savoir pourquoi, l'intriguait. Tout devenait pour lui un objet d'observation; la finesse, l'odeur suave du papier, la netteté des caractères qu'il lui semblait reconnaître, et le cachet, le cachet surtout, le plongeaient dans un étrange embarras, emblême de la modération, et tout en dehors des pensées de la vie actuelle, il portait une règle accompagnée de ces mots : *Ni au-dessus, ni au-dessous.* Le corps et la devise signifiaient que celui qui s'en servait, content d'une position simple, ne voulait ni s'élever à l'aide de la perte de son honneur, ni se rabaisser au-dessous des gens de bien par son sacrifice aux idoles du vulgaire.

Qui employait ce cachet ? quelle main avait ployé ce papier et tracé ces caractères ? elle lui était connue... Ce n'était pas une femme, la forme des lettres l'annonçait ; c'était un homme... un homme... lequel ? un parent, un ami, un ancien amant... Le marquis aurait passé un frère et pas un cousin.

Au milieu de cette anxiété, la pensée ne vint pas au marquis intrigué de s'aider dans son inquiétude, en soulevant le papier, en regardant à travers les plis de la lettre. Eusèbe comptait parmi ces hommes des jours passés, qui n'ont pas besoin d'être en spectacle pour se bien conduire. Il était dans la solitude, comme il aurait été dans le monde; il savait que la probité est pour soi plus que pour les autres, et que lorsqu'on n'a de la vertu qu'extérieure, on est hypocrite et menteur.

Il arriva enfin chez Ombeline, et en la complimentant, il lui remit la lettre. Je ne sais si ce fut la manière dont il la regarda en ce moment, ou bien un souvenir peut-être; quoi qu'il en soit, Ombeline rougit, hésita, et prenant la lettre, la mit dans son sein. Les yeux d'Eusèbe l'y suivirent; cette place sacrée lui déplut, et cédant à un mouvement de jalousie involontaire :

—Eh! mademoiselle, dit-il, pourquoi vous gêner, pourquoi ne pas céder sur-le-champ au désir qui vous porte à lire cette lettre pour une personne sans doute qui vous est chère.

— Oh! pour chère, répondit Ombeline, avec une expression naïve, vous avez raison de le dire. Celui qui a tracé ces corrections a le premier droit à mon affection.

Un coup de poignard, adressé droit au cœur d'Eusèbe par une main vigoureuse, y eût peut-être causé une sensation moins pénible que celle amenée par la sincérité de cet aveu. Il sentit son sang se glacer, ses genoux fléchir, et d'une voix étouffée :

— Celui-là, Mademoiselle, peut se dire un homme heureux.

— Ah ! si la félicité naît de mon attachement, son bonheur est certain ; je le lui dois à tant de titres... Mais, poursuivit-elle en apercevant les traits de son amant décomposés : Qu'avez-vous ? Quel mal subit ?...

Elle s'arrêta trop étrangère à la jalousie ; elle ne la reconnaissait pas encore sur la physionomie d'Eusèbe. Cependant un instinct secret la portant à rougir lui coupa la parole, en la rendant plus belle et plus coupable aux regards courroucés de qui la contemplait. Eusèbe répliqua :

—Oui, je souffre; une indisposition fatale... Adieu, Mademoiselle, que rien ne manque à la prospérité de celui que vous chérissez tant.

Ces mots achevés, le marquis salue Ombeline et se retire précipitamment : elle, accoutumée à la longueur de ses visites, étonnée de la brusque rupture de celle-ci, et éclairée à l'instant par ce qu'Eusèbe vient de dire, ressent à son tour un trouble profond, un chagrin amer l'assiéger, la rendre malheureuse pour la première fois. Des larmes d'amour coulent de ses beaux yeux, et elle accuse l'homme injuste qui se défie de son attachement.

— Qu'il a tort, dit-elle, me soupçonner ; lui, envieux de l'attachement que je porte à Louis, pauvre homme que je bannirais de ma pensée, tu as élevé mon enfance et ma jeunesse ; je te dois ce que je sais, et si quelques vertus me distinguent des autres femmes, à qui appartenaient-elles ? à toi encore... Il me sera pénible, continua-t-elle, en souriant malgré ses larmes, de ramener le méchant jaloux ; je lui dirai la vérité ; je lui montrerai la lettre, laissons lui même le plaisir de l'ouvrir... Cela ne se peut. Dois-je immoler ma pudeur à une vaine jalousie. Irai-je lui dire : je sais ce qui vous irrite, et bien innocente, je peux... Non, non, il est coupable, et il sera puni.

Un soupir échappant à son sein, montra que la vengeance tarderait peu à régner dans son cœur. Ses doigts rompirent machinalement le cachet, et à haute voix, comme si elle elle eût cru Eusèbe à portée de l'entendre, elle lut la lettre de Dumar.

« Chère Ombeline, voici trois jours que je ne t'ai vue, trois jours... Un siècle; demain encore je ne pourrai venir que tard; il me serait fâcheux de rencontrer chez toi le beau gentilhomme qui t'y assiège. L'exécution de mon plan, de ce plan que tu ignores, exige qu'il n'ait aucune idée des nœuds dont nous sommes unis. Ne lui prononce jamais mon nom, ne parle jamais de moi, même indirectement, et surtout ne lui laisse pas voir mes épîtres *catoniennes*; mon écriture et mon cachet, un seul de ces indices le mettrait sur la voie, et tout serait compromis. Oh! mon Ombeline, je lui dois tant, que ma reconnaissance a besoin de le payer richement de ses bienfaits, j'en ai le moyen. Ne viens point par une démarche imprudente m'empêcher de lui faire apprécier la valeur prodigieuse du diamant que je compte lui offrir en récompense opulente des services qu'il m'a rendus.

« Entends bien ceci, mon Ombeline, sois discrète, tâche de défendre ton cœur aussi bien que mon secret. Je ne sais, mais il me semble qu'il a dû perdre le sien aux alentours de ta maison, car il rôde sans cesse.

« Grâce à lui, car il est en tout mon ange conservateur, il m'a présenté hier à son parent éloigné, le comte de Vaulaire. Ce seigneur de tous les régimes a des parens plus proches de lui que ne l'est le marquis de Molène. Je vais manœuvrer de manière à capter la confiance de ce comte par trop insensible à la voix du sang, et ce ne sera pas ma faute si, en faveur de l'héritier direct que je lui trouverai, sa succession immense est enlevée à Molène. Oh! je manigancerai les choses de façon à ce qu'il n'en retire pas un sou.

Adieu, chère belle; tout à toi , et pour la vie,

Louis.

Des sentimens opposés agitèrent la jeune fille, lorsqu'elle eut achevé de lire cette missive, dont les dernières lignes contrastaient si bien avec les premières. Comme d'abord elle se réjouit de ce qu'elle n'avait pas cédé à sa première envie, celle de remettre à Eusèbe la connaissance de ce qui devait être ignoré par lui ; elle frémit de la faute qu'elle allait commettre, et bénit sa vertu qui s'était opposée à une démarche trop agréable à son amour.

Mais pourquoi , se demandait-elle , ces mystères? pourquoi cacher à un tel ami ce qu'il lui ferait tant de plaisir à savoir? pourquoi déclarer la reconnaissance qu'on lui porte en retour d'un bienfait rendu? pourquoi parler d'un diamant inestimable qu'on lui destine, tandis que, d'une autre part, on allait tramer une intrigue blâmable pour lui enlever une succession qui sans doute lui serait échue en partage? Cela était-il compatible avec les sentimens généreux étalés d'abord? N'y avait-il pas quelque chose d'inconvenant et de bas à trahir un ami dont on avouait les bienfaits?

Toutes ces choses se contrebalançaient dans la tête d'Ombeline; elle s'apercevait que Louis ne lui apprenait pas, sur leur sort commun, tout ce qu'il aurait pu lui dire, tout ce qu'elle eût souhaité de savoir. Quel était, par exemple, le comte de Vaulaire, dont Louis lui parlait depuis son absence, cet homme riche, puissant, haineux, qu'il lui avait appris tout à la fois à respecter et à craindre : à quel moment Louis leverait-il sur ce point le nuage qu'elle y découvrait, Enfin, à force de rêver, elle s'assit machinalement à son piano, et machinalement encore elle chanta, en inventant une basse harmonieuse, la romance dont elle avait fait la musique et Eusèbe les paroles.

LE SOMMEIL DE L'AME.

Romance.

De quel travers mon âme fut remplie
Quand elle crut à l'amoureux bonheur,
Aux francs propos d'une flamme accomplie,
A des sermens appuyés sur l'honneur.
Le jour brillait, qu'elle appelait encore
Des songes vains aux reflets éclatans ;
Mais lorsque luit cette dernière aurore,
Réveille-toi, mon âme, il en est temps.

Pouvais-tu croire aux plaisirs de la vie,
A la vertu non moins qu'à l'amitié,
A des rivaux, mais non pas à l'envie,
A des cœurs purs, à la sainte pitié ;
Que le désir n'était pas éphémère,
Qu'il dépassait notre frêle printemps;
Voici l'été, reviens de ta chimère,
Réveille-toi, mon âme, il en est temps.

Espérais-tu rencontrer chez les hommes
Ce qui ferait le charme de tes jours :
Ces purs transports, ces gracieux fantômes
Promis sans cesse et désirés toujours.
Non, non, le ciel à cet espoir s'oppose,
Notre bonheur n'a que de courts instans,
Dans le tombeau seulement on repose,

Réveille-toi, mon âme, il en est temps.
Crains de te perdre en trop de rêverie,
Ou de marcher en un trop beau chemin ,
Si maintenant cette route est fleurie,
D'affreux rochers la couvriront demain.
Sur l'avenir est bien fou qui se fie ,
Toujours fermé de nuages flottans ,
Il n'est ouvert qu'à la philosophie ,
Réveille-toi, mon âme, il en est temps.

A quoi sert un Ami?

Qu'un ami véritable est une douce chose!
    LA FONTAINE. *Les deux Amis.*

XIX.

Le marquis de Molène était venu à pied, chez Ombeline ; il s'en félicita quand il en sortit après la scène de la lettre que j'ai racontée au chapitre précédent, à tel point il devina que sa physionomie devait porter l'empreinte des sentimens désordonnés de son cœur : en proie à une jalouse colère, d'autant plus véhémente que rien ne la balançait; il s'éloigna rapidement et indigné de cette maison où il était venu avec tant de joie, sa course le conduisit vers le Luxembourg sans qu'il sût ou il allait, et une fois parvenu sous ses voûtes de verdures si sombres si épaisses, il s'abandonna à cette fièvre d'amour-propre que notre vanité décore d'amour délicat ou exalté, et il entra dans une lutte véhémente avec soi-même.

— En vérité se dit-il, j'avais bien raison d'aimer en insensé une fille coquette, une de ces parisiennes, habituées à faire du plaisir la meilleure branche de leur revenu, et celle-là ne leur ressemblerait pas ! Pourquoi ? qui la rendrait meilleure que les autres ? qui l'élèverait au-dessus de sa classe, de la conduite de ses égales ; on se figure ces folies quand la faiblesse de l'âme combat contre sa prudence. Certes cela ne sera pas.

Il s'arrêta pour respirer à tel point, sa véhémence le suffoquait, il regarda autour comme pour voir si on l'écoutait, et ses yeux n'apercevant aucun indiscret, il reprit son monologue.

— Elle aimait déjà, elle a un amant, oh oui ! un amant tout l'annonce, et moi stupide provincial j'apportais à ses pieds mon rang, ma personne, ma fortune, oui, tout aurait été pour elle, grâce à Dieu je suis détrompé, je ne reviendrai plus chez elle, j'en mourrai de douleur... Je fuirai, le monde est vaste je le parcourerai dans son étendue, le temps, l'absence me guériront.

Ici il entendit venir à lui une foule de jeunes gens gaie, insouciante, nombreuse, il en éprouva tout ce qu'à de pénible un contraste pareil et ne pouvant le supporter, il quitta sa belle promenade et cheminant à travers les rues, ne rentra chez lui qu'à l'heure du dîner.

Louis était un ami trop éclairé, trop tendre pour tarder à deviner qu'Eusèbe avait du chagrin, il s'empressa de lui en demander la cause.

— Je ne sais, lui fut-il répondu, j'ai un dégoût du monde, un besoin de la retraite, auquel je céderai certainement.

— Et tu feras bien, répondit Dumar qui prenait le change, on ne sait pourquoi on se livre à la société, lorsque dans son intérieur avec une femme aimée et digne de l'être, on peut goûter le bonheur par excellence.

— Et où la trouveras-tu, Louis, cette créature phénix, faite pour nous dédommager des ennuis de la vie : choisissez-la parmi nos égales, son cœur sera sec ; prenez-la dans une classe inférieure, la bassesse de ses habitudes nous avilira.

— Il est des exemples.

— Je n'en connais pas.

— Toi, Eusèbe.

— Moi, cela t'étonne, et d'où vient s'il vous plaît cette stupéfaction ? est-ce à moi à m'occuper seul de cette recherche ? je la laisse à des hommes qui plus que moi ont le désir et le besoin d'être trompés.

—Ainsi dans aucun rang tu n'as vu femme qui t'ait inspiré le désir d'unir ton sort au sien.

— Non.

— Non ! Ah! tu est désespérant, dit Dumar désappointé.

— Ce ne sera pas du moins à Paris que je la trouverais, ici où l'absence des idées religieuses, où le goût de la parure, où les conseils de la coquetterie pervertissent une fille dès son adolescence, où l'on déifie le concubinage, où les vices sont choyés quand ils amusent ou lorsque la richesse les accompagne. Oh ! non, certes ! je ne me marierai pas à Paris; mensonge, dissimulation, fausseté, perfidie, jeu cruel de tromper, fantaisie d'attirer à soi quiconque semble aimer, duplicité... Voilà tout ce qu'on trouve ici dans le beau sexe.

—Ah? j'entends, reprit Louis rassuré, tu es brouillé avec ta maîtresse.

— Brouillé avec ma maîtresse, qui te l'a dit?

— Je le devine, je ne comprenais pas d'abord le but et le motif de cette sortie contre nos filles, nos sœurs, nos veuves; maintenant je vois clair; tu es jaloux et un regard mal adressé, un sourire suspect, une lettre qu'on n'aura pas voulu te laisser voir.

—Une lettre, dis-tu, Louis, une lettre, tu sais donc... mais qui t'a instruit...

— Ah! s'écria Dumar en riant, la belle chose qu'une profonde expérience en tout ce qui constitue un amant, voyez moi aveugle, j'ai mis au troisième mot le doigt sur la plaie il n'y avait ni regard perfide, ni sourire traître, mais une lettre retenue à part... Allons soit sincère, convient que cela seul à produit le texte de ta juvénale.

Le marquis confondu non-seulement d'avoir été deviné, mais de s'être vendu avec cette étourderie impardonnable, se taisait allant et venant dans le salon où ils étaient passés à la suite du dîner. Louis qui, une fois que le secret de son ami fût tombé en son pouvoir, comprit combien il lui importait de ramener le calme dans cette âme fière et sensible; Louis qui ayant écrit le matin même à Ombeline une lettre qu'elle ne pouvait montrer surtout au marquis, ne douta pas que celui-ci n'eût assisté chez celle-là, à la réception de son épître, que l'envie d'en connaître le contenu, n'eût amené entre l'amant et la maîtresse une de ces scènes si communes en amour; l'orage avait dû gronder avec violence, mais enfin tout n'était pas désespéré, puisqu'il lui était permis d'intervenir, aussi reprenant la parole :

— N'ai-je pas Eusèbe des reproches à t'adresser, tu livres ton cœur, tu m'en fais un mystère, tu aimes à Paris et tu m'enlèves le droit de te conseiller, ainsi de l'amitié tu ne t'es réservé que le bienfait, tu me combleras de dons et je ne pourrai m'en acquitter en t'éclairant des lumières de mon expérience; ah! mon ami, est-ce bien? n'en as-tu pas des remords? quant à moi j'en suis peiné, je voudrais que tu m'eusses rendu moins de services ou que tu me facilites les moyens de m'en acquitter noblement.

— Tu as raison Louis, répondit l'inculpé, oui, je suis coupable envers toi... Cependant comprends-tu l'amour sans une retenue profonde; d'ailleurs suis-je amoureux, non, je ne crois pas l'être, c'est une fantaisie, un caprice qui me trouble et qui passera vite, quelques tours de roue vers Londres ou Rome et je ne m'en souviendrai plus.

— Est-ce me répondre, tu te maintiens dans cette réserve qui me blesse.

— Que t'apprendrai-je, mon extravagance, ma stupidité, ma sottise: j'ai rencontré une jolie fille, j'en ai fait une merveille, un ange, que sais-je ; j'ai d'une simple mortelle, voulu en extraire les vertus d'une divinité.

— Et à la première dispute, la sainte ou la déesse est devenue la fille ou la sœur d'un avocat.

— Oh! ce serait superbe, si telle était sa position sociale. Je suis tombé non à cette noblesse actuelle, mais à la classe des parias français; j'aime une artiste, une manière de grisette.

— Le grand mot est lâché, dit Dumar, en essayant de déguiser sa joie, tu t'avises d'aimer la vertu et le mérite ; tu cherches le bonheur où il se rencontre le plus souvent. Fi de l'insensé! fi de l'honnête homme! car je juge que tu n'as pas proposé dès l'abord à cette jeune personne de l'entretenir, mon ami, tu as raison, quitte Paris, quitte-le surtout, si cette créature habile, fausse rouée, te trompe, si sa débauche habituelle te fait horreur; si au lieu de la trouver toujours à l'ouvrage, elle passe des journées à commercer dans les maisons, à dormir, à ne rien faire. Je vois d'ici son appartement, il se distingue par quelque chose de délabré qui saute aux yeux, il est sale, malpropre, rempli de poussière. La donzelle doit à tout l'univers, est en rapport intime avec les garçons perruquiers du quartier, enfin...

— Je suis bien fâché, répondit Eusèbe qui ne pouvait deviner la tactique savante qui développait devant lui un tableau si contraire à la vérité, de t'apprendre, Louis, que tes conjectures sont toutes en dehors de ce qui est. Cette pauvre fille est honnête, sage, modeste, réservée; sa demeure est un sanctuaire d'où s'élève un parfum de suavité angélique; tout y est net, approprié; le linge éclate par sa blancheur, les meubles neufs, malgré leur longue usance, brillent comme au moment de leur sortie de chez l'ébéniste. Sa parure exquise rappelle que le soin des vêtemens est déjà un gage de celui que l'on voue à se retirer du vice. Je suis le seul homme qui soit reçu chez elle; à six heures, elle est à l'ouvrage le matin, et presque chaque soir, j'ai peine à dix, à la résoudre de cesser le travail. Ah! tu ne la connais pas.

— Cela doit être, car tout éloigné que je sois de me marier, si une pareille merveille m'advenait, je la disputerais peut-être.

— Eh bien, dit Eusèbe en soupirant, je l'abandonne, c'en est fait, je ne la reverrai plus.

—Mon ami, dit Dumar en prenant la main

du marquis, tu serais bien fâché, si je te prenais au mot. Dans l'amour, tout va vers l'extrême ; ou confiance sans borne, ou l'on est défiant à l'excès. Je gage, si je me mettais dans ton secret, que je prouverais l'innocence de ta maîtresse et ta propre erreur.

— Je le voudrais, s'écria le marquis ; non, je ne le veux plus, cela ne m'inquiète guère.

— Et à moi beaucoup, tu aimes à ce qu'il paraît une femme d'un rare mérite, faut-il y renoncer, parce qu'elle aura refusé de te faire lire dans le secret d'autrui ; mon ami, il y a dans la lettre la plus indifférente, il y a toujours une phrase qu'un tiers ne peut saisir sans commentaires, peut-être même, sans qu'elle ne lui laisse de fâcheuses impressions.

Le marquis ne répondit pas, il continua d'aller et de venir. Enfin, prenant la parole.

— Cette lettre, vois-tu, n'est pas le produit d'une plume vulgaire. Le papier glacé, doré, parfumé, portant une écriture fine, nette, toute aristocratique, et puis le cachet à devise prétentieuse, une règle, et ces mots : *ni au-dessus ni au-dessous* ne me plaisent guère. Une femme prend d'autres emblèmes, un homme seul emploie celui-là.

— Soit, mais enfin une jeune personne peut sans crime avoir un frère, un neveu, un oncle, un cousin, qui ait en elle de la confiance, qui lui mande ce qui l'inquiète ou l'embarrasse, il y a tant de choses que l'on écrit et dont on voudrait cacher la connaissance aux indifférens. Je gage qu'il s'agit d'un cas pareil.

— Cette merveille, car ma franchise me commande de lui donner cette qualification, est pour moi telle que le Mathuzalem de la Bible; je ne lui connais aucun parent, j'avouerai même que cela me donne une vive inquiétude, si elle était illégitime... j'en aurais un chagrin profond.

— Tu la punirais de ce qui n'est pas sa faute ; au reste, c'est un point que tu éclairciras facilement aujourd'hui ; revenons à ta colère, veux-tu me remettre le soin de tes intérêts?

— Pourquoi te donner cette peine, que t'importe mon amour? je veux rompre, c'est ma détermination, est-il donc nécessaire que tu me fasses épouser une personne qui t'est inconnue?

Ici, le marquis surprit sur le front de Louis quelque chose d'indéfinissable, qui passa prompt comme un éclair; il s'en étonna, et néanmoins la chose avait été si rapide, qu'il n'osa pas en demander l'explication.

Quant à Dumar, sa longue habitude du monde, sa connaissance profonde du cœur humain, le détournèrent d'insister sur ce qui déplaisait à son ami, il craignit qu'Eusèbe passât à l'opiniâtreté, content de l'avoir ramené au moins au doute, il changea le premier de propos, et lui demanda brusquement quel jour il donnerait à dîner au comte de Vaulaire, ainsi qu'il le lui avait dit.

— Je croyais t'en avoir prévenu, répartit Eusèbe, ce sera pour demain. C'est l'un de tes protecteurs, je te le recommande; empare-toi de lui avant, pendant et après le repas, amuse-le; il ne doutera plus de ton mérite: je lui dirai d'ailleurs que tu es son ouvrage et sa vanité s'enorgueillira. Mais à mon tour, que je t'interroge, tu ne veux donc pas aller chez Raymond?

— Je lui ai rendu sa visite de noce.

— Sa femme est charmante... Quelle sotte histoire a-t-on fait sur la première nuit de leur noce. On t'a conté sans doute cela?

— Ils ont trop d'amis pour qu'on néglige de répéter ce qui est à son désavantage, il paraît que la pudeur de Mlle Marsail s'est révoltée des entreprises indécentes de l'heureux époux; elle s'est écriée, se sont querellés; les jeunes gens de la noce ont entendu un dialogue étrange.

Louis Dumar parlait ainsi, sans envie de rire; son ami reprit :

— Il paraît que ce jeune couple tiendra un grand état de maison. La femme compte parmi nos élégantes; le mari joue partout avec bonheur; ils sont heureux à leur manière..

— Te plairait-elle, Eusèbe?

— Voudrais-tu être Raymond, Louis?

— Ni toi ni moi ne comprenons ainsi la vie.

— On dit que le poétique Cielpur, que Cotemper, le libraire, déjà en passe de manger les auteurs en herbes, ayant ébranlé son crédit, que le comte de Vaulaire, se disputent le sygisbéïsme de la belle Nantilde.

— On le dit?

— Tu n'en sais rien?

— Je n'admets pas toujours pour vrai tout ce que tout le monde répète.

— Mais ce que tu vois?

— Oh! alors, je me rappelle la parole de l'Evangile, cette poutre enfoncée dans mon œil, que je n'aperçois pas, et cette fine paille qui blesse ma vue, emplantée qu'elle est dans l'œil du prochain.

— Sais-tu, Dumar, que nous donnons dans la philosophie, dans la bonne.

— Oui, je cours après la fortune, toi après l'amour; est-ce raisonnable?

— Pourquoi est sot qui refuse de s'enrichir; est fou qui ne veut pas devoir sa prospérité à un mariage de tendresse. L'expérience doit tout régler.

Le Chapeau.

Il n'est pas facile d'éteindre la jalousie dès qu'elle s'est allumée dans un cœur.

REFLETS DE LA SAGESSE.

XX.

Ombeline ne se doutait pas de la tempête que son refus avait élevé au cœur de son amant; elle s'était bien aperçue de sa brusque retraite, elle l'attribuait non à son amour blessé, à sa jalousie éveillée, mais à une susceptibilité du moment prompte à se dissiper, ou peut-être même à des affaires pressantes qu'il s'était rappelées et vers lesquelles il avait couru.

Ce fut Louis qui, pour la première fois lui parlant directement de son ami, l'instruisit de ce qu'elle ignorait.

— Cher Dumar, dit-elle, convient-il d'attirer vers moi ce jeune homme que tu dis si riche et du grand monde ; que lui apporterai-je en retour des avantages immenses dont il me comblerait, moi, pauvre fille, qui ne peux lui rien apporter.

— Quand il n'obtiendrait que la possession de tant de vertus et de charmes, ne serait-il pas le mieux partagé ? Ne l'élève pas trop , ne ne te rabaisse pas plus que tu ne le dois ; laisse-moi toute l'aventure, il est possible que je réussisse, et dans ce cas je ne sais ce qu'il y aurait en lui de supérieur à toi.

— Je sais, répartit la jeune fille , que tu te

plais à me bercer de chimères, tu sais créer des châteaux en Espagne. A t'entendre, un jour à venir et prochain me verra riche et noble ; est-ce que la fortune et des blasons féodaux tombent des nues ?

— Bon, mais on peut recouvrer une place légitime ; tu ne te connais pas bien encore, chère ange. Oh ! qu'il sera heureux celui à qui tu accorderas ton amour.

— Et toi, Louis, ne songes-tu pas encore à te marier ; je serais si charmée de te voir une femme, elle serait ma sœur, n'est-ce pas ?

—Laisse mon hymen, dit Dumar avec dépit, les femmes rarement te ressemblent ; il y en a peu que j'estimasse au même prix.

—Parce que tu n'en aimes aucune, reprit en riant Ombeline, car, dès le jour venu où ton cœur sera pris, je ne serai qu'une petite fille bien insignifiante auprès de la sublime dame de tes pensées.

—Je te le répète, ma toute belle, ne traite pas ce sujet, il me cause trop de chagrins.

— Aurais-tu mal choisi?

— Langue maudite, garde le silence, ou je me vengerai, en empêchant Eusèbe de revenir.

— Méchant, pourrais-tu me faire cette peine.... D'une autre part, je m'étonne que tu veuilles faire un mystère à cet ami de ce que nous nous sommes, ne crains-tu pas que ce ne soit de la duplicité?

— Je cherche pour toi le bonheur, je veux qu'il soit complet, et cela demande du soin et presque de l'intrigue. Ah! mon Ombeline, que le cœur humain est bizarre! L'amour de mon ami tient peut-être à la singularité de ta position; s'il nous connaissait, il resterait indifférent à tes charmes; je sais comment je dois me conduire envers lui et près du comte de Vaulaire.

— Et celui-là dont tu me parles souvent, que nous est-il, pourquoi son amitié me serait précieuse ?

— Un jour, tu le sauras, et ce jour sera le plus fortuné de ma vie, puisque je te rendrai au centuple ce que je t'ai si indignement ravi.

— Oh ! Louis, dit la charmante créature, en passant ses bras légers autour de sa taille, et en posant un doux baiser sur son front, tu m'avais bien promis de te taire, de ne plus nous affliger du passé ; tu me restes, est-ce que je regrette quelque chose ? est-ce qu'avec toi je n'ai pas tout ce que je peux désirer ? A qui dois-je cette éducation si supérieure, cet amour des arts ; ces connaissances en histoire, en littérature qui me font passer de si doux momens. Au nom de Dieu, ne te tourmente pas, si tu ne veux que je me désespère, et attends, pour éveiller tes remords que ce soit moi qui commence par t'accabler de reproches.

La conversation continuait sur ce ton, lorsqu'un coup de sonnette retentit. Ombeline le reconnut si bien qu'elle se recula de Dumar, et qu'une espèce d'inquiétude enfantine se peignit sur sa physionomie gracieuse. Dumar n'eut qu'à voir la joie de celle-ci pour reconnaître qui venait si intempestivement. C'était sans doute Eusèbe, lui qui, la veille, paraissait si irrité, le voilà dès l'aurore, pour ainsi dire, car à peine s'il était dix heures du matin.

La situation cependant devenait embarrassante. Le petit appartement n'avait pas une issue double ; tout ce que Dumar put faire fut de se réfugier dans un arrière et noir cabinet. Ombeline tremblante en ferma la porte sur lui, en enleva la clef et alla ensuite ouvrir au marquis empressé d'entrer, car déjà il résonnait.

L'émotion de la jeune fille lui prêtait des couleurs admirables : ses joues blanches brillaient alors de l'éclat de la rose ; un feu ardent pétillait dans ses yeux, tandis qu'une molle langueur et cet abandon divin d'une nymphe, non encore dans le complément de sa parure, imprimait à ses charmes un attrait particulier.

Eusèbe, frappé de cette beauté incomparable, ne put se maintenir, comme il se l'était promis, dans cette réserve solennelle au moyen de laquelle il voulait se venger de son peu de confiance en lui. Vainement les paroles conservèrent leur dehors de gravité, le regard adouci, la voix moins sévère, l'œil guetteur, démentaient cette austérité. Il demanda des nouvelles de la santé de mademoiselle Ombeline avec une si pompeuse austérité qu'elle, ne pouvant vaincre son envie de rire, le salua par trois fois non moins poliment ; et tâchant de le copier dans la moindre chose, le pria de la rassurer sur la bonne ou mauvaise humeur de monsieur le marquis de Molène.

— Vous vous moquez de moi, dit celui-ci désappointé.

— Moi, monsieur, que Dieu m'en garde! Je sais trop ce que je vous dois, et si, jusqu'à ce jour, ma familiarité s'est montrée indiscrète, dorénavant vous ne lui reprocherez rien.

— Eh! mademoiselle, reprit Eusèbe courroucé, croyez-moi, mettez moins de retenue dans votre confiance, et je ne me plaindrai jamais de ce que vous me parliez avec la sincérité qu'on doit à un ami.

— Quant à moi, si je me fâche, dit Ombeline, c'est lorsqu'on se moque des gens et lorsqu'on les place sur des tréteaux, afin de les persiffler plus à l'aise.

— C'est précisément ce que vous fîtes hier, dit vivement Eusèbe, où pour me désespérer, vous cachâtes une lettre mystérieuse.

— Oh! le curieux, fi du jaloux, dit Ombeline en faisant une petite moue ravissante, convenez que cette lettre vous tourmente étrangement ; j'en suis fâchée, car il ne me sera pas permis d'éclaircir ce mystère.

— Ce ne sera pas le seul, Mademoiselle, dont mon amitié désire la connaissance ; il en est un autre qui maintenant frappe et blesse mes yeux, et que sans doute vous conserverez pour vous avec une opiniâtreté non moins extrême. Certes, voilà un chapeau que ni vous ni personne de votre sexe n'a la coutume de porter ; dès-lors il faut que le propriétaire en soit peu éloigné, l'usage n'étant pas à Paris que même la tête la plus privée de cervelle consente à s'en séparer pour peu de temps.

C'était avec une ironie poignante, amère, concentrée, avec une bouche tremblante de colère et avec une main non moins faible qu'Eusèbe, dans ce moment, désignait le chapeau que Louis en se couchant avait oublié sur un tabouret qu'Ombeline n'avait pas vu, et que l'amant jaloux contemplait avec douleur.

Ses yeux ne s'en détachaient pas, le marquis était là, pareil au chien de chasse qu'on voit immobile, hâletant, en face de la caille ou de la perdrix en arrêt; ni le bruit, ni l'appel même du maître, ni une autre proie se lançant à travers l'espace qui le sépare de celle-là, ne peuvent le détourner de son travail d'instinct. Il est là, le cou tendu, l'oreille relevée, la prunelle ardente et tellement à son objet, qu'il en demeure comme immobile.

Ah! jamais pièce de gibier n'inspira ce sentiment involontaire dont Eusèbe fut agité dans ce moment. Un chapeau... Il y avait eu là tout à l'heure un homme, ou plutôt il y était encore, car on ne sort jamais sans son chapeau, à moins qu'un motif puissant ne détermine une prompte fuite. Ici, pourquoi le propriétaire du couvre-chef se dérobait-il aux regards d'un nouveau venu? Certes, lui, Eusèbe, n'aurait pas essayé de se retirer en secret si on eût sonné pendant sa visite.

Quel est cet homme qui se cache? pourquoi le fait-il? dans quel but?... Oh! comme l'amant jaloux multiplie les questions, les conjectures, les problèmes qu'il s'adresse à lui-même en pareil cas...

Le marquis aurait bien voulu se vaincre et conserver pour lui seul, uniquement pour lui, la connaissance de ses émotions ; mais il ne put y parvenir : sa phisionomie, son agitation, le tremblement de sa voix, tout, à cette heure, parlait contre lui ; et Ombeline, qui ne voyait pas encore la cause fatale de cette soudaine disposition, lui demanda en riant et avec douceur ce qui l'agitait.

— Car il me semble, ajouta-t-elle, que vous n'êtes plus ce que naguère vous étiez.

— Il est vrai, répartit-il; alors je vous croyais libre, je ne soupçonnais pas être chez vous en homme qui vous gène : pourquoi n'avoir pas dit avec franchise que vous n'étiez pas disposée à me recevoir; je sens que je tourmente un plus heureux... un ami, un parent...

— Qui, monsieur, répartit la jeune fille déjà moins à son aise, bien que déjà elle n'eût pas l'assurance qu'elle possédait ci-devant.

— Mais mademoiselle la personne à laquelle appartient le chapeau que voici.

— Le chapeau... répéta machinalement et par deux fois Ombeline, le chapeau... Ah! oui, en effet... il est là... c'est... on a négligé de le reprendre... il y a des gens très dérangés...

— N'y en a-t-il pas qui sont mal à leur aise demanda le marquis sévèrement.

Le ton de reproche et de supériorité qu'il mit à adresser cette question, produisit un effet particulier; il irrita l'âme pure d'Ombeline, il alla heurter en elle cette fibre de noble orgueil qu'on n'éveille jamais en vain chez les femmes étrangères au vice, et qui n'ont jamais écouté que les conseils de la vertu. Celle-ci relevant la tête jusqu'alors demi-inclinée et donnant à sa voix une inflexion de fierté :

— Je ne sais, monsieur, dit-elle, pourquoi je serais mal à mon aise en votre présence, à moins que ce ne fût toutefois par suite de la réflexion qui plus tôt aurait dû naître, et qui provient de la fréquence de vos visites.

— Quoi! repartit Eusèbe, vous sont elles si désagréables que le moment de les discontinuer soit venu? il est vrai (poursuivit-il en montrant le chapeau malencontreux) qu'elles déplaisent certainement à quelqu'un.

— A moi seule, monsieur, lorsqu'elles sont offensantes; à moi qui ne m'aperçois du plaisir que j'y trouvais qu'à l'instant où, pour éviter plus de péril, je vous prie de les discontinuer.

— Oui, mademoiselle, et ce commandement

est dicté par une jalousie bien extraordinaire. mes visites déplaisent chez vous, eh bien! qu'on vienne s'en expliquer chez moi (il ajouta son adresse et ses noms, titres et prénoms qu'il prononça à haute voix).

Ses yeux cherchèrent sur le visage d'Ombeline l'impression que devait y produire une pareille provocation... La bouche de la jeune fille s'embellit d'un sourire rempli de gaîté, de malice et de grâce. Eusèbe ne put y reconnaître rien d'insultant, de coupable et même de craintif. Ceci acheva de le placer dans une situation fort extraordinaire; il n'y retrouvait rien de ce qu'on rencontre ordinairement dans des circonstances pareilles. Quel était donc cet inconnu dont la présence, à la suite d'un semblable cartel, n'inspirait ni terreur ni regret? Serait-ce un père, un oncle, un directeur? lui, Eusèbe, aurait-il commis une erreur désagréable? Il comprit combien tout lui était fâcheux, et alors il se mit à dire :

— Nous sommes, à ce qu'il paraît, tous les deux dans ce cas particulier, où l'un a le droit de se jouer de l'autre. Eh bien! je conjure celui de nous qui a le beau rôle de ne pas en abuser, et, si j'ai tort, de me donner les apparences de la raison.

Tandis qu'il parlait, le marquis s'attachait à suivre les mouvemens qui se succédaient sur la figure naïve de la jeune fille ; il ne put nier que ce fût ceux de la joie et d'un amour satisfait. Il était donc aimé, et le propriétaire du chapeau était là nécessairement à autre titre qu'à celui dont lui-même se parait alors qu'il était impatient d'entendre la réponse d'Ombeline.

— Vous mériteriez bien, dit-elle en portant sur lui des yeux remplis d'amour, que, me maintenant à jamais dans la colère allumée par vous si mal à propos, je vous enjoignisse de me laisser à ma solitude: oui, ce châtiment, certes, vous serait dû. Le plus ingrat, le plus défiant des hommes, quel titre avez-vous à l'être auprès de moi? ai-je été vous chercher, vous prier de me recevoir? vous ai-je demandé en patelinant l'honneur d'être admise à votre intimité? et la chose obtenue sur la seule responsabilité de ma bonne mine, de mes manières franches, de cet air ouvert auquel je me suis rendue, voilà que soudainement je deviens soupçonneuse, jalouse, exigente, emportée, despote même, et que je me crois en droit de vous flétrir en vous accusant de mensonge et de dissimulation!

— Et le chapeau, dit Eusèbe d'un ton suppliant.

— Et le chapeau, monsieur, répliqua Ombeline en appuyant aussi? eh bien! il est là, je le sais, en pierre d'achoppement, en étincelle électrique; il a dévoilé votre caractère vous a montré sous votre vrai jour: oui, par lui je sais qui vous êtes. Ah! que j'ai d'actions de grâces à lui rendre!... Au reste, il devait me servir toujours, monsieur, continua-t-elle avec cet accent de la vérité. Ecoutez bien ce que je vais vous dire, la personne à laquelle appartient ce chapeau: La toute ma tendresse, possède mon estime et ma reconnaissance. Si elle me commandait de cesser de vous voir, elle me tuerait sans doute, et néanmoins je lui obéirais; mais devant elle aussi, je lui déclare à ma honte et à mon regret, car vous me forcez à ceci, je lui déclare, dis-je, que vous êtes le seul homme qui a mérité de mon cœur le retour auquel vous paraissez attacher autant d'importance, et qu'il m'eût été si doux de vous accorder si la fortune m'eût rendue votre égale.

—Oh! que vous me couvrez de confusion et d'amertume! que vous brisez à la fois cette âme qu'hier encore aurait enivrée l'aveu qu'elle reçoit! Quoi! chère amie, vous avez du regret à m'aimer? Ma violence actuelle vous épouvante pour l'avenir. Ne le redoutez pas, ne me jugez pas sur un acte involontaire... à ma place auriez vous été plus tranquille?..

— J'aurais du moins commencé, lui fut-il dit avec douceur, par où il faut toujours finir, par une explication qui eût evité l'outrage dont j'ai à me plaindre, et une provocation dont les conséquences me remplissent d'une profonde terreur.

— Et vous riez, maligne fille, en parlant ainsi, et vous me persifflez cruellement; est-ce de la générosité? celui qui ne veut pas se montrer a donc des droits bien extraordinaires?

— Pour extraordinaires, non, pour très ordinaires, oui: vous vous adresserez à lui si vous voulez...

Elle s'arrêta, et son beau visage se couvrit d'un charmant coloris.

— Eh bien ! si je veux, achevez... parlez, parlez...

— Ce ne sera pas ici, monsieur, si vous le voulez bien. Je désire aller au Luxembourg. On parle de nouveaux tableaux dont la galerie est enrichie, et si me donner le bras jusque-là ne vous tourmente trop...

— Partons, s'écria Eusèbe en soupirant. Je suis coupable j'en conviens; mais, à mon tour, je peux dire que votre vengeance... car enfin ce chapeau...

— Emportez-le, laissez le vôtre à sa place; certes, on vous le rapportera et un duel aura lieu.

Le marquis, subjugué par cette gaîté persistante, jeta un dernier regard sur cet objet de jalousie, en examina le dedans de manière à en conserver le signalement dans sa mémoire jalouse, et enfin descendit dans la rue, non encore rassuré, mais trop amant pour oser lutter contre sa passion.

Demi-Rapatriage.

Il faut beaucoup de temps pour que la confiance remplace la jalousie une fois nichée dans le cœur.

RESTIF *de la Bretonne.*

XXI.

Le jeune couple garda un silence de dépit, tant qu'il eut des rues à parcourir; chacun, réciproquement, redoutait l'œil de la malignité publique ; mais à peine furent-ils entrés dans le jardin du Luxembourg, que ces amans d'un autre siècle oublièrent la galerie de tableaux, et Ombeline regardant Eusèbe :

— Oh ! le jaloux, dit-elle.

— Oh! la mauvaise, dit-il,... oui, la cruelle, la barbare, qui garde à son ami des secrets qu'il lui serait si doux de partager.

— Je gage que c'est encore le chapeau fatal qui me vaut ces reproches;... un chapeau dans la chambre d'une jeune fille ne peut donc appartenir qu'à un amant...

— Dam ! quand celui qui le porte se cache...

— On ne peut donc se cacher que par amour. N'y a-t-il pas des secrets pénibles, des chagrins de famille, des causes, ah! oui, bien innocentes, et qui néanmoins nécessitent un mystère dont les têtes légères ou ardentes se font un épouvantail; enfin, étourdi, me connaissiez-vous? Suis-je digne d'être votre femme ? Les miens ne vous sont-ils pas tellement supérieurs.....

—La première fois que je vous ai vue, dit Eusèbe en interrompant Ombeline, ne croyez pas que je ne trouvai en vous que cette gentillesse commune, que ces manières agréables, mais sans noblesse des plus jolies grisettes de Paris : un regard me suffit, mademoiselle, pour distinguer en vous un de ces astres tombés de ces hauts soleils du firmament qui cherchent en vain à déguiser en entier leur origine relevée. Il est dans les personnes nées au sein du luxe et des habitudes de la compagnie, des marques ineffaçables, un cachet de son rang primitif, que le malheur, que l'habileté même ne parviennent pas à enlever complètement; oui, vous avez joui d'une situation plus heureuse où vous êtes née: vos gestes, vos formes, vos mouvemens, les inflexions de votre voix, vos expressions élégantes, simples, sans emphase ni bassesse ; le dédain des plaisirs du dimanche ; l'indifférence pour ceux du lundi ; vous ne parlez jamais des acteurs et des pièces jouées sur les théâtres secondaires ; vous n'avez fréquenté que l'Opéra, les Français et les bouffes ; votre goût si pur en musique et le crayon à la main ; vos affections, vos antipathies, tout, en un mot, m'annonça ce que vous aviez été ; et j'ai su, dans cette classe supérieure, la place honorable que vous y occupâtes par votre piété douce, simple, sans forfanterie : ceci encore acheva de m'initier dans la meilleure partie du secret que m'aurait appris le reste. Les malheurs de vos parens, de fausses spéculations, des erreurs, des fautes à vous étrangères, et dont néanmoins vous êtes la victime, parce que la nature, injuste envers les femmes, ne leur a laissé que le droit d'alléger dans notre cœur des infortunes, dont nous autres hommes sommes seuls coupables. Que vous semble maintenant, beau masque, êtes-vous ou non devinée ?

— Et moi qui me flattais de m'être enveloppée d'un voile très épais, s'écria la jeune fille ; moi qui prétendais à vous promener de détours en détours, hélas ! il n'en sera rien.

— Et pourquoi vous en plaindre ? Mon respect est la conséquence de ma découverte ; je me suis vu chez une égale ; oui, j'y étais et j'y serai toujours : un instant d'éclipse n'enlève rien à un astre de son éclat et de sa pureté. Maintenant le silence qu'il vous plaira de garder sera bien inutile, vous convenez que nous nous connaissons réciproquement.

— S'il ne dépendait que de moi, dit Ombeline, en adressant à son ami un de ces doux regards qui semblent un rayon du ciel, aucun voile ne vous couvrirait mon existence. Vous avez de point en point décrit tout ce qui m'est arrivé : mes pères ont plus écouté les passions que les devoirs ; j'ai descendu cette échelle sociale, lorsque j'aurais dû la monter... Un parent,... un proche,... et bien cher, ma prodigué ses soins, a voulu que, par une éducation relevée, je pusse moins regretter ce que d'autres me faisaient perdre. Son affection ne s'est jamais démentie : c'est lui qui tantôt chez moi;... il ne veut pas se faire connaître... Le souvenir de ce qu'il fut l'empêche de se montrer tel que le destin veut qu'il soit maintenant; plus tard il espère, que dis-je, il est certain qu'il pourra rentrer avec éclat dans le monde si peu pitoyable à sa première faute et qui la lui a comptée avec tant de rigueur.

— Il est donc jeune ? demanda Eusèbe, et comme entraîné malgré lui à cette question.

— Oui,... il a votre âge.

— Et des qualités brillantes, peut-être ?

— Vous seul me semblez lui être supérieur...

— J'en ai bon besoin, repartit en soupirant le marquis jaloux irrésistiblement.

— Voici le chapeau qui apparaît de nouveau, dit avec une nouvelle gaîté Ombeline, convenez que vous l'eussiez mieux aimé au fond de la Seine que sur un tabouret de mon appartement.

— Quand on aime, tout offusque, surtout une âme qui se sent insuffisante et qui s'épouvante de l'avenir.

— Pour prouver son amour, qu'elle aille à la confiance, et sur cette route elle ne trouvera que la tranquillité.

Un soupir vint protester contre la fin de cette phrase : dans les cœurs bien épris, rarement on est tranquille ; on ne voit que le bien à perdre et quelquefois l'impossibilité de le conserver.

Encore le Chapeau.

Il est un malin génie qui se moque des amans.
Le Noble.

XXII.

— Tu ne manqueras pas à ma soirée ; il y aura un violon,... c'est sans façon, et... entre amis,... gens qui s'estiment et s'apprécient... Tu me feras plaisir que de paraître avec *ta livrée neuve* , avec ton carrosse nouvellement doré et repeint, mon cher marquis.

— Mais je ne présume pas que mes chevaux, ma voiture et ma livrée neuve, *avec quoi tu veux que je paraisse* entrent dans tes salons, répliqua Eusèbe à Raymond Duclos.

— Non certes, mais cela orne une cour, je ne peux souffrir la mode actuelle : les équipages sont bourgeois, *coupés, landeau et à la bonbonnière* ; tout cela est sans armoiries, même sans couronne.

— C'est que *tout cela* n'en a point.

— C'est vrai : notre cour n'est guère *cossue*, elle s'étoffera ;... nos messieurs s'accomoderont en princes... Oui, laisse leur faire, les marchands, encore quatre ou cinq ans ; il y en a beaucoup qui n'ont encore eu que le temps d'un premier malheur; au second on s'établit; au troisième, vogue la galère. Vois Cottempert : jamais il n'a parlé plus haut que son troisième billan déposé ;... il sera millionnaire s'il arrive à la quatrième faillite.

— Tu as donc beaucoup de monde ?

— Et du grand, je m'en vante ; on veut me pousser : il y a eu à mon sujet une assemblée de famille, ma philosophie est vaincue; d'ailleurs je me dois à mon pays... Ils ont en vue une charge de finance qui vaut fixe vingt-quatre mille francs, et pour peu qu'on soit honnête homme, cela peut aller à cent mille ; les personnes de mauvaise foi quadrupleraient... Ton parent, le comte de Vaulaire,... est en passe.... ma femme le voit beaucoup... Le vicomte de Cielpur a des amis ... Si tu amenais M. Noel... J'ai calculé que l'on peut être mal à l'aise chez moi trois cents personnes: j'en ai engagé neuf cents.

— Cela fera une cohue...

— Oh! tous ne viennent pas à la même heure... D'ailleurs on entre,... on sort,... on dit un mot,... on se sauve,... et puis ce torrent d'amis fait bon effet.

— D'amis, Raymond, neuf cents?

— C'est la mode, très cher;... il est de *bon ton* de compter par centaines *nos intimes*, cela prouve que l'on est digne d'être aimé... A propos d'amour, ma femme est charmante, je l'adore; elle m'a donné une commission pour toi.

— Qu'est-ce ?

— N'as-tu pas une manière de neveu ?...

— Une manière, dis-tu? le fils de ma sœur, enfant de seize ans, élève de Louis Legrand, bel adolescent, de haute taille.

— On vante ses yeux, sa tournure noble... Ma femme prétend qu'une de ses amies aime les éducations et elle voudrait faire à madame Lelorge, au jour de notre bal, le cadeau de ton neveu.

— Ta femme est folle, s'écria le marquis... Quoi déjà lancer un enfant et avec une connaissance comme cette commère!

— Oh! c'est du gros : son mari est lieutenant-colonel dans notre légion; il est intime de D...., le beau-père, tu sais... là au château... Amène le bel Anselme, ma femme t'en saura gré.

Louis Dumar entra, un sourire malin passa sur ses lèvres. Eusèbe en fit l'honneur à Raymond qui, de son côté, en prit de l'humeur. Louis, au contraire, était gai.

— Messieurs, dit-il, félicitez-moi, je suis en passe; je sors de chez le ministre : il m'a dit que mon nom était sur la liste des maîtres de requêtes; je serai nommé si le comte de Vaulaire dit un mot au roi.

— Le roi règne et ne gouverne pas, s'avisa de dire Raymond gravement.

Louis leva les épaules. Eusèbe alors :

— Mais tu dînes aujourd'hui avec lui ici.

— Le roi dîne à ta table, s'écria Raymond consterné?

— Et non, mais Vaulaire.

— A la bonne heure... C'eût été dépitant pour nous gens de la résistance ; car on avait promis que pour ma noce on viendrait ; je n'ai même pas encore la signature... Ah! le comte de Vaulaire dîne avec toi,... tu es heureux.

— Reste, dit le marquis poussé dans le dernier retranchement de la politesse.

— Je reviendrai, répondit Raymond ; c'est à six heures.

— Et très précises.

— Oh ! je serai exact; bonjour, messieurs,... mes vrais amis.

Et il tendit ses deux mains aux assistans : Eusèbe en serra une dans les siennes ; Louis toucha l'autre du bout de ses doigts, et dès que l'heureux époux fut sorti :

— D'où vient, dit Louis à Eugène, cette récrudescence d'amitié; la vôtre n'allait pas au tutoyement.

— C'est un pas que Raymond a voulu lui faire faire; peut-être a-t-il cru à l'accroissement de mon crédit; il est bien dans l'erreur.

— Il doit y être, car sans cela, certes, tu ne le verrais pas si tendre. Le hasard m'a mis sur la voie d'une singulière anecdote de sa vie privée; te douterais-tu qu'il puisse être bigame?

— O Louis! ton animosité t'exaspère; tu lui en veux trop, et tu ouvres ton oreille à tous les contes qu'on y fait entrer. Duclos bigame!

— Oui et non; oui de fait, non de droit, il y a pour certain qu'il a épousé à Londres, selon la coutume anglaise, ce qui est sans valeur en France, une belle et bruyante créature qui fait maintenant presque du tapage dans un certain monde où elle est connue sous le nom de madame de Saint-Montalba.

— Mais on me l'a montrée au bois de Boulogne, repartit le marquis,.. ruine magnifique, debris vénérable d'une ex-Vénus ; on dit le représentant d'un grand monarque en admiration de sa .... vertu.

Dumar éclata de rire à cette fin inattendue, et reprenant :

— Eh bien ! elle et notre féal contractèrent de l'autre côté de la Manche un hymen qui les enverrait à Botany-Bay ; car de part et d'autre ils l'ont rompu en France. Raymond ignore que *son épouse* l'avait devancé en infidélité, et dans l'effroi où il est de ses révélations, il la paie pour garder le silence. J'ai su tout cela d'un domestique à moi, lié avec une camériste à elle : il m'en a conté nombre d'autres faits et gestes, je te réservais le plus saillant.

— Sa femme est à plaindre, dit le marquis.

— L'aventurière ?

— Mademoiselle Marsail ; elle sera malheureuse.

— Sa philosophie la soutiendra, c'est une personne très ferme, très usagée.

— Du persifflage, Louis ! d'où la connais-tu ?

Dumar rougit, baissa les yeux.

— Tu as raison, dit-il, l'on doit toujours des égards aux femmes, et dans le fait, j'ai si peu rencontré celle-là dans le monde que je ne peux en parler sciemment.

— Elle est charmante, jolie, spirituelle ; sa tournure est gracieuse.

— Tu en as déjà tant vu... Eh bien ! mon ami, tu trouveras sur ton chemin le comte de Vaulaire, Cielpur, Cottemper, etc. ; mais où en es-tu de tes autres résolutions ?

Le marquis, en réponse à cette question, accordant à son ami toute sa confiance, lui répéta ce que le lecteur sait déjà. Louis mit à l'écouter une attention qui déguisait sa violente envie de rire ; car Eusèbe se montrait jaloux, et jaloux avec véhémence.

— Eh bien ! lui dit-il, tu as tort, je gage que

ce chapeau qui devrait être au fond de la rivière n'appartenait pas à un amant, mais à un parent dans le malheur; je gage qu'il était vieux, gras, pelé.

— Non, très au contraire, il était luisant, de fin castor, très à la mode, comme le tien; oui parbleu! forme pareille, coupe égale... Eh mais! la coiffe, le cuir et jusqu'à l'adresse du chapelier... Dieu me pardonne, les deux font la paire.

En parlant ainsi, Eusèbe tenait le couvre-chef de son ami qu'il avait été prendre sur un fauteuil, et dont il faisait un point de comparaison. Louis, sans rien perdre de sa présence d'esprit, se mit à dire :

— Dès que les deux chapeaux sortent de la même maison, tu aurais eu victoire gagnée, si en homme habile tu eusses cherché à lire le nom du propriétaire; je m'en serais informé adroitement auprès du fournisseur, tandis que on ne peut lui aller demander s'il a connaissance de tous ceux à qui il a débité sa marchandise.

— Je... je n'ai pas songé... Peut-être la coiffe de celui-là était-elle muette comme l'est la tienne.

— C'est bien heureux, dit Louis avec irréflexion.

— Pour qui, heureux?

— Mais, pour celui qui se cache.

— Tu as raison, Dumar, et ma maîtresse a triomphé de cet incident qui m'a laissé mon inquiétude, sans rien lui enlever de sa sérénité.

— C'est qu'elle est innocente.

— Tu ne cesses de me le chanter sur tous les tons; qui le prouve?... L'envie me prend de te mettre en rapport avec elle; peut-être qu'en la voyant...

Louis allait éluder une proposition qui ne

lui convenoit guère, lorsque plusieurs convives se firent annoncer. Ces gens ponctuels aux heures sacramentelles, qu'on devrait porter aux nues et dont on se moque souvent; nous sommes si étranges! il n'y a que celui dont l'inexactitude détruit la meilleure partie d'une réunion, qui nous semble un homme à la mode et digne de notre estime, du moins de nos égards.

Foursival était parmi ceux-là : il arriva, porteur de mille nouvelles déclarées fausses à l'avance, et que trente badauds répandirent le même soir en divers lieux, comme les tenant de *bon coin* et d'une personne *bien informée.* Il devançait le comte de Vaulaire qu'il venait de quitter; il avait vu, dans la matinée, le directeur-général, M. Noël, si heureux d'aller dîner chez son très proche parent, le marquis de Mollène. Cet homme, dans la matinée, entrait dans toutes les portes-cochères fermées de Paris.

En effet les deux hauts invités firent ensemble leur entrée ; à la manière dont le comte fit passer devant lui le directeur-général, tous purent reconnaître non un acte de soumission, mais bien de pleine supériorité ; et pourtant M. Noël, fier du pas cédé par un pair de France, crut à sa suprématie acquise.

Il est facile de tromper la vanité d'un sot : il ne faut que la monter aux nues ; elle s'égare alors et prend pour réalité ce qui au fond est illusion vaine.

M. de Cielpur vint comme le maître-d'hôtel annonçait le service : il avait été précédé par Raymond, surparé et tellement accommodé en forfantier de première classe, que force était à tous de reconnaître en lui un des heureux du jour; mais toute sa somptuosité ne servit que plus à grandir l'excès de son abaissement devant le noble duc et pair ; c'était en réalité le sacrificateur en présence du dieu : ses saluts prosternés et multipliés, ses flatteries exagérées, si elles ne déplurent pas au comte, indignèrent le marquis et mieux encore Dumar, qui déclara à celui-ci que ce vil manège d'adulation le vengeait complètement du mal que Raymond avait fait et cherché à lui faire.

Le comte accoutumé à ces formes serviles, ne s'en étonnait point, il les trouvait ordinaires. Lorsque dans une certaine classe le calus est formé sur un cœur, tout y glisse dessus, rien ne l'égratigne et ne le blesse; il y a même plus, il s'inquiète quand on ne l'enivre pas de cet encens nauséabond auquel il s'est accoutumé. Celui-là par conséquent, trouva tout naturel que Raymond se montrât adulateur, tandis qu'avec une sorte de peine il vit la noble politesse de Louis Dumar, il en ressentit comme de l'inquiétude. Les grands haïssent l'indépendance, elle leur fait voir une sorte de dignité élevée qu'ils ne peuvent obtenir ; c'est une rivalité d'orgueil, et non une plaie faite à l'orgueil même.

Le pindarique Cielpur avait une autre sorte d'importance, celle de l'admiration de soi-même, portée au délire. Il se croyait le premier parmi les beaux, parmi les élégans, parmi les spirituels, parmi les auteurs, parmi les poètes. L'idolâtrie du MOI, était poussée en lui hors de toute borne. Les éloges d'autrui l'importunaient, parce qu'il les trouvait fades ; nul que lui ne le vantait à sa fantaisie. C'était plaisir pour un observateur malin, que de l'examiner pendant qu'un béotien beuglait devant lui un cantique d'apothéose : Cielpur piétinait, se tourmentait, s'agitait, et comme les impatiens d'un parterre, qui, lassés de la voix sourde et rauque d'un acteur fatigué, lui crient : *plus haut*, on s'appercevait aisément qu'il se faisait un effort extraordinaire, pour ne pas, à son tour, crier : *plus fort, monsieur*,

au nom de Dieu, car je vaux mieux que ça.
Le propos était dans sa triste contenance, son air piteux et harrassé. L'amour propre littéraire a dépassé toutes les bornes ; c'est l'océan qui a fini par inonder la Hollande, en surmontant les digues dont cette terre se garantissait. L'urbanité française, pendant deux siècles, contint la vanité des auteurs ; mais, la révolution venue et la politesse exquise renversée, cet autre océan nous a recouvert de ses flots.

Incidens d'un Diner,

A table où l'on ne devrait que rire, bien souvent on y trouve dépit et contrariété.

Vieux dicton.

XXIII.

A dîner, Louis Dumar, comme il l'avait souhaité, fut placé à côté du comte de Vaulaire. Cette faveur devint un rude crèvecœur pour Raymond, qui vit qu'en toutes circonstances, son cousin lui deviendrait une pierre d'achoppement. Il avait lui pour voisins, Cielpur, et un jeune Russe élégant et gracieux, très avant dans tous les mystères de la jeune France, et ne causant que de chevaux et de femmes à la mode. Il connaissait les uns et les autres, il avait ses entrées dans les écuries Hope, Seymour, etc.; dans les salons de mesdames Le H... et D..., ce qui ne l'empêchait pas de voir moins bonne compagnie. Foursival, qui venait après lui et déjà en désir de s'emparer de sa confiance, soutenait la conversation sur *le sang pur* et les ravissantes dames de la nouvelle cour.

Raymond parlait peu ; le grand poète, son partenaire, piqué d'être à la gauche du marquis, lorsque le comte de Vaulaire triomphait à la droite, se maintenait dans un silence dédaigneux. Les deux personnages ne jouissaient pas de leur société réciproque ; lorsque Raymond dont l'oreille était inattentive, tressaillit soudainement et rougit ; le prince Korsicow venait de dire :

— Oui, parmi ces dames de second ordre, certainement, la plus ravissante est la belle Saint-Montalban.

— La connaissez-vous *mon* prince, ou bien, n'avez-vous fait que l'apercevoir ; demande Foursival : si c'est ce dernier cas, je peux vous présenter chez-elle, ses bontés me donneront ce droit.

— Grand-merci monsieur, de votre offre obligeante ; mais hier, elle a bien voulu en société de cinq autre dames charmantes, et d'autant d'étrangers à Paris, accepter un souper au café anglais que je lui ai dédié... Elle a eu de grands malheurs :

— Oh oui ! dit Foursival qui se mit à soupirer non moins que s'il se fut agi des infortunes d'Hécube. Oh oui ! elle a été dans son adolescence cruellement éprouvée.

— Un monstre, dit le prince d'un ton vif, abusa de son inexpérience ; il la conduisit en

Angleterre, la trompa en l'épousant par un mariage bon à Londres, et puis la quitta, et l'infâme revint en France. Je couperais de grand cœur le nez à ce perfide, mais la pauvre femme ne le nomme jamais?

— Oh! jamais! reprit Foursival et elle a raison.

— Comment raison?

— Eh! mon prince! qui est-ce qui sait jamais à fond ces sortes d'aventures? qui peut affirmer, là, est le coupable, ici, l'innocent? Nous sommes dans la galanterie, voguant sur des mers inconnues, parmi une foule d'écueils. Le plus leste, le plus habile passe le premier, gagne la haute mer ; est-il pour cela le plus sage et le plus juste?

— Une jolie femme n'a jamais tort.

— Noble axiôme qui, chez nous, a perdu sa force : il l'a conservée chez vous, hélas! à notre honte. On ne dira pas seulement avec Voltaire, l'admirateur de Catherine-*Le-Grand* :

C'est du nord aujourd'hui que nous vient la lumière. mais, il faudra convenir, que de chez vous encore, nous reviendra la parfaite urbanité.

Ce compliment calma l'impétuosité du Knaïs, déjà échauffé par des libations fréquentes, et comme il eut à répondre à une parole obligeante du maître de la maison, il oublia son texte, et revint naturellement aux chevaux. C'était sa passion véritable. On doit préjuger ce que dût souffrir Raymond qui voyait sa réputation exposée aux propos d'une créature imprudente, discrète aujourd'hui par caprice, et qui demain raconterait au premier venu, ce qui déshonorerait l'époux de mademoiselle Marsail. Il se sentait torturé d'une étrange sorte. L'enfer était en lui, et certes, il payait péniblement les plaisirs d'un instant.

La tournure employée par Foursival, pour prendre le parti du *monstre*, comme le qualifiait le prince, intriguait en outre Daclos. Il semblait y remarquer les ménagemens d'un ami, qui suit le mal que peut faire un propos inconsidéré, qui n'ignore pas le nom de celui qu'on accuse, et dont il prend la défense en homme d'esprit. Foursival serait-il dans le secret de cette fatale intrigue? s'il l'était, qu'il deviendrait redoutable! Que son ascendant serait pénible! Tout blesse, tout maléficie le coupable. Ah! si l'on comprenait bien le prix d'une conscience tranquille, le nombre des criminels ne serait pas aussi grand.

Tandis que cette scène pénible et fâcheuse se passait à la gauche du maître de la maison ; Louis Dumar, ayant saisi l'opportunité, se mit à remercier en termes simples et dignes le comte de Vaulaire de la part qu'il avait prise à son avancement. Sans doute que le pair de France aurait préféré cette servilité, dont le fatiguaient ses cliens ordinaires ; mais, parfois le cœur même le plus avide d'encens, aime cette fermeté de langage, cette élévation d'une âme qui s'apprécie à sa valeur. Louis s'énonça en termes si purs, si bien choisis, avec tant de vivacité et de réserve, qu'il lui prêta plus d'attention, et lorsque le protégé eût exprimé sa reconnaissance, sans bassesse, sans vile flagornerie, lui à son tour prenant la parole :

— Monsieur, dit-il, en vous obligeant, je ne vous ai rendu aucun service ; vous m'étiez inconnu, et je n'avais que le plaisir de satisfaire mon parent le marquis de Molène ; maintenant, cherchez une occasion où je puisse vous prouver que c'est vous qui me semblez digne de mon assistance, et je la saisirai avec affection.

Cette réplique agréable plut à Dumar ; elle le rendit moins réservé, et sans rien perdre de sa position, il entra dans les eaux du comte ; car regardant son ami :

— Eusèbe, dit-il, a grand tort de se tenir ainsi les bras croisés.

A l'éclair de joie qui brilla dans l'œil du comte, Dumar devina que le trait avait frappé juste. Bientôt le haut personnage regarde le fier aspirant avec une bienveillance marquée, et lui souriant de cœur :

— Ah! vous êtes des nôtres, dit-il ; de ces gens raisonnables qui, sans s'attacher aux mots, se tiennent au solide. La monarchie était perdue si nous l'eussions abandonnée, en la compagnie du monarque. Faisant mieux, nous sommes restés dans la tempête et l'en avons retiré; elle marche d'un pas rapide : que vous en semble ?

Signe d'acquiescement.

— Eh bien! pourquoi mon neveu se tient-il à l'écart? parlez-lui, il vous porte une amitié parfaite; que la vôtre éclate, en l'amenant à l'autel où vous sacrifiez. Venez souvent me voir, nous causerons ensemble. J'aime le marquis, il est mon héritier naturel... Je n'ai point d'enfans....

Le comte soupira, et Louis alors, avec une mesure infinie :

— Il me semblait, monsieur, que vous aviez une fille...

Cette question produisit l'effet d'une barre de fer rougie, plongée dans de l'eau froide ; le visage du comte s'enflamma, ses yeux s'allumèrent :

— La comtesse ma fille, dit-il sèchement, est morte sans laisser de postérité.

— N'aurait-elle pas contracté de secondes noces.

— Je l'ignore, monsieur, fut-il dit avec une hauteur peu séante, et en même temps le comte se tourna vers le marquis.

— Allons, se dit Dumar, j'ai perdu ma première bataille, tâchons que la seconde soit indécise. Si j'entame la troisième, je vaincrai, ou je serai bien malheureux.

Le personnage, qui seul resta pleinement satisfait de ce dîner, celui qui en huma mieux les jouissances physiques et morales, fut le directeur général. Cette reconnaissance solennelle de parenté, tant de fois échangée entre lui et l'amphitrion ; établi par sa place en face de celui-ci, qui le chargea de l'aider à faire les honneur du repas ; *mon cousin*, donné et rendu cent fois pendant les divers services, le comblèrent de cette joie sentie, et qu'éprouvent si délicieusement les parvenus, quand ils se voient reconnus par gens de haute volée. Car, pour si libéral qu'on soit, voire même républicain, notre langue n'hésite jamais à nommer en première ligne, l'homme de *pur sang* à qui nous sommes alliés, plutôt que l'honnête et digne épicier, notre oncle naturel.

Monsieur Noël, dans le moment de son bonheur, aurait accordé tout ce qu'on lui aurait demandé, et Louis, qui avait l'œil à tout, s'apercevant de cette disposition favorable, en profita pour son propre avancement. Dès le café, il le joignit ; tous deux causaient ensemble, lorsque surgirent les Marsail en majorité, le père, la fille, le général surtout, le pair de France, Clipart ; il n'y manquait que la mère.

A la vue de cette foule inattendue, le marquis et Louis échangèrent un regard d'intelligence ; ils le recommencèrent, lorsqu'ils virent Raymond Daclos traverser le salon, tenant sa femme au poing et la présentant sous ce titre au comte de Vaulaire ; cérémonial d'autant plus absurde, que le gentilhomme la connaissait très bien, l'ayant rencontrée dans le monde, et chez l'oncle Clipart. Celui-ci vint à son collègue, au secours du couple timide. Chaque fois que le fier seigneur était contraint de jouer au collègue avec un ancien droguiste, quoique solidement établi, il en éprouvait un dépit involontaire. C'était une de ces mille croix de juillet, qui ne lui était pas la moins lourde à porter.

Cependant, le comte fraternisa avec le Clipart, au moyen d'une poignée de main citoyenne. Nantilde, que déjà il avait poursuivie de son admiration, lui montra tant de douceur, une obligeance si parfaite, qu'en retour il ne put lui refuser de s'intéresser à son mari. Raymond voulait une place; il en pourchassait cent, toutes lui échappaient. Dumar, en se montrant, en avait enlevé trois ou quatre, ce qui était pour lui dure amertume et aiguillon provocateur.

Au milieu de ce feu roulant de galanterie, et lorsque le comte, s'étant emparé du mouchoir merveilleusement brodé de Nantilde, y faisait des nœuds en manière de prise de possession, Louis Dumar s'avisa de paraître, et se présentant en face de mademoiselle de Marsail, la salua respectueusement du titre de belle parente.

A son aspect imprévu, bien qu'il eût été facile de présumer qu'il serait dans le salon, Nantilde tressaillit, baissa les yeux et balbutia une réponse inintelligible.

— Quoi! monsieur, dit le comte, parmi vos heureuses fortunes, vous pouvez ranger celle d'être attaché à madame par les nœuds du sang?

— Madame, en épousant mon cousin, est devenue mienne; je n'avais pas le bonheur de la connaître avant l'alliance qui nous a réunis.

L'inflexion que Louis donna au mot connaître augmenta le trouble et accrut l'irritation de la jeune mariée. Elle y sentit le trait aigu de l'épigramme, et tout-à-coup, relevant son front :

— Eh ! monsieur, qui jamais peut connaître un homme, lors même que des circonstances nous rattachent à lui de plus en plus.

— Votre thèse est désespérante, *belle-dame*, dit le comte avec une expression d'assez mauvaise galanterie. Mais depuis qu'il ne fréquentait plus le faubourg Saint-Germain, dont les bonnes portes lui étaient fermées, il se rouillait dans les cercles de ses nouveaux amis.

La conversation se maintint sur ce pied hostile jurqu'au moment où les deux pairs, le général surtout et le directeur général, furent attablés à une partie de wisth ; alors une autre scène eut lieu entre Louis et Nantilde. Je ne la répéterai pas, l'intelligence du lecteur y suppléera pour moi.

Trois Billets doux.

Je ne demande que deux lignes de l'écriture d'un homme pour y trouver matière à condamnation mortelle.
> *Cardinal de Richelieu.*

Le style c'est l'homme.
> *Buffon.*

XXIV.

Plusieurs semaines s'écoulèrent sans amener de nouvelles scènes. Le comte de Vaulaire, séduit par les agaceries de madame Daclos, se trouve auprès d'elle en concurrence déclarée avec le céleste Cielpur qui, à force de payer des prôneurs, des éloges, des comptes-rendus de ses œuvres, cheminait vers une réputation rivale de celle des Hugo, des Lamartine, ses émules. Il les voyait en chefs de file, et son impatience d'arriver à eux était excessive.

Le libraire Cottemper, toujours de plus en plus ridicule, se faisait homme passionné. C'est maintenant un état ; homme politique, il avait un grade dans la garde nationale ; homme de lettres, il imprimait des livres ; spéculateur, calculateur, multipliant les commandites ; courant de la bourse à ses imprimeries, de celles-ci au boudoir des dames ou dans les salons qui ne l'attendaient point. Il se multipliait afin de faire parler de lui. C'était-là, certainement, l'inévitable.

Le comte le voyait avec un dédain mêlé de dépit. Cielpur, à tout aspect, lui paraissait un rival plus honorable ; il s'en tourmentait, et déjà sa jalousie tracassait la belle Nantilde.

Un matin, celle-ci était avec une de ses amies intimes. Elevées dans la même pension, leur liaison datait de l'enfance. On connaît mademoiselle de Marsail; je vais essayer de crayonner sa compagne. Mademoiselle Laure de Crétal appartenait à une de ces familles à noblesse récente et dont, par conséquent, elles tirent un orgueil furieux. Gracieuse, jolie, peu riche, ses charmes, son nom, ajoutait-elle, lui avaient procuré un mari opulent, Monsieur Dudier, homme de banque, jurisconsulte, affichant un grand état de maison, et appelant, à force de luxe, cette confiance que les béotiens de Paris se refusent si opiniâtrement à accorder aux formes modestes. A les en croire, *tout ce qui reluit est de l'or*. Ils dénaturent le proverbe, et lorsqu'en réalité, ils rencontrent le métal secondaire, ils pleurent sur leur erreur et ne s'en corrigent point.

Monsieur Dudier connaissait la ville et les faubourgs, se chargeait de conduire les entreprises jusqu'à leur déconfiture ; alors il se retirait, ne voulant, disait-il, avoir affaire, qu'à des gens satisfaits et de bonne humeur. Il inventait des associations, des journaux, des publications hebdomadaires ; il se mêlait de faire creuser des canaux, d'ouvrir des mines, de tracer des chemins de fer et de construire des ponts. Son activité, sa magnificence, l'immensité de ses opérations et l'excellence de ses repas le rendaient très recommandable. C'était, pour la multitude, *un homme comme il faut*, et pour les sages, un homme dont il fallait se méfier.

Sa femme, heureuse de tant de richesses, en jouissait avec jubilation : elle avait des comptes ouverts chez des ouvrières en toute profession. Vêtue avec un goût exquis, elle fondait une partie de la gloire de la célèbre mademoiselle Stéphanie qui, de la rue Vivienne où elle est domiciliée, tient incontestablement le septre de la mode. L'étranger reconnaît sa suprématie : à Saint-Pétersbourg comme à Naples, à Londres comme à Vienne on n'a foi que dans les chiffons montés par les doigts sylphiriques de mademoiselle Stéphanie. Il est vrai, que son goût est si pur, si délicat, si parfait, que ses moindres chapeaux, ses plus petits bonnets, se décèlent par une grâce particulière.

Eh bien! la belle Laure Dudier avait la gloire de conseiller cette illustre faiseuse de mode. On le savait, et cet avantage lui procurait une satisfaction pure, acquise légitimement. Madame Dudier avait vingt ans, ne se ressouvenait ni de ses travaux de pension en histoire, en géographie, en littérature, en méthapysihque, ni des conseils de sa mère, morte pieuse et digne épouse. Il lui suffisait d'être *costumée* au *dernier goût*, et que *sa toilette* brillât constamment à force de fraîcheur et de nouveauté.

Le passé ne lui était rien, et l'avenir moins encore. Son existence se renfermait dans le cercle d'une semaine, rien au-delà ; et encore parfois s'effrayait-elle de tout ce qu'il fallait d'inutilités pour perdre *cet effroyable espace de temps*. Plus elle déraisonnait, plus elle paraissait charmante. Ses triomphes croissaient à mesure qu'elle s'écartait de la sagesse ; ce tumulte, ce tourbillon qu'elle provoquait, la rendaient très piquante ; on la voulait dans chaque soirée, dans tous les routs, aux réunions de musique surtout, dont sa vivacité échauffait la monotonie.

Telle était la meilleure amie de Nantilde. En pleine ignorance de ce qu'on appelle réserve, modestie, tenue morale ; persuadée, que vivre pour le plaisir était remplir le rôle science. Elle se trouvait à côté de madame Raymond Daclos, lorsque celle-ci reçut, à la fois, quatre lettres ; son premier mouvement fut de se reculer.

— Oh! grand Dieu! s'écria-t-il; quatre lettres, et à ton adresse; quatre! et d'où te viennent-elles? quel travail de les lire, de s'en préoccuper et d'y répondre : ne vaudrait-il pas mieux les pousser dans le feu, et les ensevelir ainsi d'un silence éternel?

— Et ceux qui espèrent une réponse ? dit Nantilde en riant.

— Sont-ce des créanciers ? ils ne feront faute de venir la chercher; des amis ? ils viendront savoir pourquoi on garde le silence; des ennuyeux? ils se piqueront (sera-ce malheureux?); des indiscrets? eh bien! à quoi sert de faire avec eux assaut de verbiage ?

— De ces quatre billets, dit Nantilde, le premier vient d'un pair de France ; le second, d'un libraire ; le troisième, d'un poète ;... le quatrième... Oh ! certainement, il a du rapport avec les autres ; oh ! dans la galanterie, les affinités sont complètes, choix de papier, parfum, gentillesse du timbre. Voyons ce que dit le grand seigneur.

Elle ouvrit négligemment le billet sous enveloppe, et chargé d'un large cachet armorié ; et elle lut les phrases suivantes :

« Madame, vous êtes cruelle envers vos « esclaves ; acceptez leur soumission sans les « faire trop languir. Ils mettent sans doute à « vos pieds tous leurs avantages ; quant à moi, « je paierais au poids de l'or de rencontrer « une occasion de vous montrer que je vous « fais ma souveraine. »

La signature suivait.

— C'est bref, dit la mutine Laure, mais clair et positif ; ce monsieur est bien disposé pour toi ; que feras-tu ?

— Hélas! mon mari est dévoré d'ambition.

— Pauvre femme! tu t'immoleras à sa vanité : que c'est estimable! Voyons l'autre.

Le griffonnage du commerçant en idées, était tracé en superbe anglaise, sur grand papier Tellier, ayant en chef: *Raison Cottemper et compagnie;* puis: *Vendu à MM.* Les autres indications générales, d'usage parmi les négocians; ensuite, venait la pièce d'éloquence.

« Mon cœur, belle dame, est par trop re-
« manié par vos rigueurs; combien d'éditions
« de mes sermens vous faut-il pour vous con-
« vaincre de leur valeur intrinsèque. Je sais
« que les souscripteurs sont nombreux, que
« vous avez la vogue et les journaux pour
« vous; c'est-à-dire, l'admiration publique.
« Mais en est-il de *cossus* et capables de payer
« à échéance? mon papier a cours à la Bourse;
« je voudrais que votre indulgence l'escomp-
« tât, et surtout sans me faire faillite. Je suis

« discret, fidèle tendre, et de plus, officier
« dans ma légion. J'attends une réponse qui
« fixe mon dividende; j'ai souscrit pour de
« gros lots. »

Je ne comprends pas ce que celui-là veut dire, repartit Laure étonnée.

— Qu'y puis-je, ma chère? je n'ai pas dicté la lettre, je la reçois. La troisième nous dédommagera sans doute.

Dès l'enveloppe enlevée, on vit un papier bleu céleste, chargé d'étoiles d'or et d'argent, sur lequel une plume fine avait tracé les phrases suivantes.

Dis-moi, fille du Ciel, quel prix a mon amour.
Sylphide gracieuse et dans l'air élancée,
Dans la paix de la nuit, dans le fracas du jour,
Un ange sur son aile emporte ma pensée.
Je te vois resplendir dans les feux du soleil;
De l'écharpe d'Iris, les couleurs t'environnent;
Et quand mes yeux en pleurs demandent le sommeil,
Tu brilles dans l'éclat d'un pompeux appareil,
Souriante aux Esprits dont les chœurs te couronnent.
Prends pitié des soupirs qui sortent de mon cœur;

Ne le poursuis jamais d'un sourire moqueur ;
Cède à la passion qui m'agite et m'enivre.
Sans toi, sans tes bontés, comment pourrais-je vivre?
Songe enfin que les Dieux ont voulu te former
Belle pour tout séduire, et tendre pour aimer.

— Oh ! la jolie chose que la poésie, s'écria madame Dudier, en agitant le papier élégant. Oh ! qu'il est flatteur d'inspirer ces paroles passionnées ; que ce monsieur doit savoir chérir !

— Il sait du moins écrire, répliqua Nantilde. Qui me répond que ces vers, depuis longtemps dans son portefeuille, n'aient pas servi à deux ou trois femmes avant moi ?

— Tu croirais ?...

— J'y vois de l'esprit, l'habitude de rimer avec talent; mais, je le répète, du véritable amour...

— Allons, dit Laure d'un ton chagrin, te voilà, toi aussi, en quête de la pierre philosophale.

— Comment ?

— Eh ! oui, c'est pitié que cette prétention à une tendresse réelle. A quoi servirait-elle ? à nous endormir, à nous tuer. S'il fallait faire l'amour à la manière des vieux romans, je t'assure que je préférerais le plus cruel supplice.

— Au moins, tu es franche.

— Oui ; prenons les amans comme ils sont ; eux nous prennent comme nous sommes. Ils nous querellent, rendons-le leur : eh bien ! le temps s'écoule ; et moitié paix, moitié querelle, on se laisse entraîner par la force des choses ; et le but atteint, qu'importe de quelle façon on ait fourni la route ?... Mais le quatrième billet, ne le lirons-nous point ?

— Je ne sais pourquoi, celui-ci me tourmente.

— Donne-le moi.

— Il faut être bien ton amie.

— Fie-toi à ma discrétion.

— Non, car enfin...

— Ah! méchante! tu me soupçonnes!

Nantilde défendit la missive, mais si mollement, qu'elle lui fut enlevée par la curieuse Laure ; elle y trouva ce qui suit :

« Vous êtes mariée ; êtes-vous heureuse ?
« La fortune vous refait-elle de ce que vous
« avez perdu ? Êtes-vous heureuse ? Que dis-
« je ? êtes-vous calme ? Vos jours sont-ils tran-
« quilles ? Y a-t-il du repos dans vos nuits ?
« Le mariage est un engagement solennel ; il
« faut mériter l'estime, la tendresse, la con-
« fiance de son mari : les possédez-vous ? Quel
« chemin allez-vous prendre ? Votre vie déjà
« est en dehors; tous les yeux peuvent vous
« suivre, toutes les bouches parler sur votre
« irréflexion. La prospérité est l'apanage des
« existences mariées, de celles qui, ayant fait
« de l'hymen un sanctuaire, n'y appellent ni

« le public, ni des corrupteurs ; mais pour
« celles qui le transforment en une salle de spec-
« tacle, en une représentation dramatique à
« laquelle tout le monde assiste, il n'y a que
« confusion, agitation, bouleversement. Vous
« pouvez reculer, n'ayant pas assez avancé ;
« encore un peu de temps de plus, et vous
« ne le pourriez pas. Ayez bon courage ; ar-
« rêtez votre mari, inspirez-lui de la vénéra-
« tion pour vous, de l'estime pour lui ; il sait
« qu'on perd tout en ne se ménageant pas ;
« voilà ce qu'un ami sincère vous dit. Ecou-
« tez-le, oui, écoutez-le bien; il vous aidera,
« si vous faites un appel à sa confiance; il ne
« pourra que gémir sur votre perte, si vous
« continuez à vous abandonner à de tristes
« penchans. «

Laure lut jusqu'au bout cette lettre, tant en désaccord avec les autres; dix fois Nantilde irritée fut prête à la lui arracher des mains;

cependant elle se contint, n'y trouvant que des généralités, et sans qu'aucune phrase particulière pût laisser soupçonner quel en était l'auteur; non qu'au fond de son âme, elle n'en trouvât le nom en caractères aigus; mais elle voulait en douter. On souffre d'être contraint de contracter, chaque jour de plus en plus, des obligations envers ceux que notre haine poursuit. Elle eût pardonné au premier venu ces conseils; mais les recevoir de la main de Louis Dumar, et à la suite des scènes de coquetterie dont il avait été le témoin à la soirée chez Eusèbe, était ce qui blessait son amour-propre le plus profondément. Elle se taisait, irritée et indignée; elle méditait la vengeance, oubliant qu'un témoin était à ses côtés, Laure de Créteil, femme Dudier; cette dernière, rejetant avec dédain l'épître malencontreuse sur le canapé auprès des autres :

— Oh! pour celle-là, dit-elle, il n'est pas difficile d'en signaler l'auteur.

Ce propos menaçait, intriguait Nantilde, l'effrayait même.

— Eh! qui, penses-tu, peut l'avoir écrite ?

— Qui ? un amant de mauvaise humeur, un fat que tu auras repoussé; ces gens seuls sont hommes à faire de la morale : ceux qui ont la moindre espérance de succès agissent avec bien plus de douceur. Mon mari, qui a le nez fin, flaire toujours les aspirans au ministère; dans l'opposition, il les rencontre, parmi ceux dont la parole est vague, lente, décolorée, semi-hargneuse, semi en complimens; mais les bruleurs de flotte, les adversaires durs, acerbes, infatigables, ceux-là, dit-il, sont sans arrière-pensée ; et l'auteur de ce chef-d'œuvre, continua-t-elle en montrant du doigt la lettre querelleuse, assurément ne se flatte pas de rentrer jamais dans tes bonnes grâces.

Nantilde sourit, non franchement, elle était par trop contrariée; il lui tardait d'être seule, elle rêvait à l'avenir et surtout à la punition que, selon elle, méritait ce fat chevalier.

Un Pair du Jour.

Dans la balance actuelle de la société, la honte a moins de poids que l'argent, et l'or est plus estimé que l'honneur.
Recueil de Maximes.

XXV.

— La cabale est forte, s'écria Daclos en entrant dans le salon de son beau-père, meublé de la famille au complet, soit en cadres sur la muraille, soit en actions, marchant et gesticulant; on veut m'écarter de ma candidature! on formule, à ce sujet, d'infâmes accusations; on m'attaque de tout bord; et, si je ne suis pas chaudement soutenu, je tomberai avec la honte de la défaite.

—Mais, mon cher gendre, dit madame Marsail, voilà deux places consécutives que vous aviez obtenues; toutes deux, de gros revenus; et il me semble....

— Que l'appétit vient en mangeant, ma chère moitié, dit le député du ventre; qu'est-ce que deux places, à qui peut en émarger dix ou douze! Mon gendre a raison: il nous faut le soutenir, l'épauler, le défendre. Quant à moi, mon patriotisme est connu, je ne suis rien, je suis désintéressé; mais si on ne lui accorde pas tout ce qu'il réclame, je passe rondement à l'opposition.

— A l'opposition, mon frère! s'écria Clipart, le nouveau pair; c'est pire que le diable.

— Notre parent, repartit le général Lurton, a trop de sens pour agir en fou, il ne commettra pas cette faute atroce, oh! non; mais enfin, nous sommes des gens dont le gouvernement doit récompenser les services et la fidélité.

— Le comte de Vaulaire, dit Raymond en détournant la tête (car il se sentait rougir), est le chef de la commission qui décidera parmi les candidats.

— Il me semble, dit Lurton, que ce seigneur a manifesté l'autre jour chez son parent, le marquis de Molène, une estime particulière pour notre nièce : ce serait le cas d'en profiter.

Madame Marsail proposa de conduire chez le comte sa fille.

— Ah! maman, dit Nantilde, suis-je si déraisonnable, que je ne puisse marcher seule! aller d'ailleurs chez M. de Vaulaire ne me convient point; à son âge on a de la galanterie, et si je lui écrivais de venir....

— Oh ! oui, ma fille, ma nièce s'écria-t-on, un billet bien troussé, il viendra.

— C'est, dit Raymond, que tout dépend de lui.

— Dès lors, monsieur, dit Nantilde, me remettez-vous vos intérêts ? prenez-y garde, le comte est complimenteur, il tient à la vieille cour.

— Et il n'en est que plus estimable, dit le dignitaire de la nouvelle. J'ai vu, en 1780, dans mes magasins à la Toupie d'or, la fine fleur de l'ancien régime, M. le maréchal duc de Richelieu, M. le maréchal prince de Beauvau, M. le duc de Nivernois...... Quel tact ! quel goût ! quelle politesse ! Il y avait du plaisir à les auner. Et aujourd'hui qu'à la chambre des Pairs nous nous retrouvons avec leurs pareils, cela gêne bien un peu, ils rient bien quelquefois; mais enfin, on sait ce qu'ils sont et ce que le roi a voulu que je fusse.

Cette tirade déplut aux assistans, on ne la releva pas, il fut convenu que Nantilde parlerait au président de la commission.

De tout ce qui surprend ici-bas, je range en première ligne cette facilité avec laquelle on se prête en France aux rapports des hommes de hautes fonctions avec les jolies femmes. J'admire la confiance du père, du mari, qui trouvent naturel qu'eux, que l'on devrait tenir à juger, puisqu'ils administreront, soient mis à l'écart, et que l'on discute de leurs droits et de leur mérite avec des femmes, qui ne doivent se connaître qu'en chiffons.

L'usage le veut, j'y céde; mais l'usage est bien singulier.

Raymond, à demi-voix et s'approchant de sa femme, lui fit observer que, puisqu'elle était déterminée à négocier avec le comte, le plutôt serait le mieux.

— Soit, dit-elle, je vous obéis. Elle se leva,

courut à son appartement, relut la lettre de Vaulaire ; et puis, prenant la plume :

« Monsieur le comte, nous aimons à jouir
« de notre bien; puisqu'un homme de votre
« nom se dit mon esclave, il doit marcher à
« mon commandement. Ce soir, avant minuit,
« ma porte restera ouverte pour un seul, pour
« vous. Si vos occupations ne vous permettent
« pas de venir voir votre souveraine, demain je
« ne sortirai qu'à trois heures. Je vous appelle
« à un conseil privé ; j'élève mes esclaves dans
« ma confiance autant que leur modestie les
« abaisse malgré leur mérite réel. »

« J'ai l'honneur d'être, etc. »

Un domestique intelligent emporta la missive, et Nantilde revint chez ses parens qui l'attendaient pour dîner. On parla, pendant le repas, et du Comte et de son crédit. Le Pair Clipart et le général Lurton déclarèrent qu'on le croyait très avant dans la confiance royale, et investi d'une telle faveur, qu'on s'attendait avant peu à le voir présider à la composition du ministère.

Chaque parole à ce sujet chatouillait délicieusement le cœur de Raymond; il se promenait la tête haute, sans s'apercevoir des regards de mépris que Nantilde lui lançait. Enfin, à dix heures précises, la femme de chambre de madame Daclos vint la prévenir qu'un monsieur de haute taille, enveloppé dans un ample manteau, l'attendait chez elle.

— Voilà le comte! dit la jeune femme étonnée, tremblante et joyeuse.

— Déjà, s'écria-t-on. M. Raymond, que l'on vous félicite, vous irez loin avec un pareil ami.

Raymond se mordit les lèvres et détourna les yeux.

— Vous savez tout ce qu'il faut dire; je m'en rapporte entièrement à votre sagacité.

Il prit son chapeau, accompagna Nantilde, monta dans son cabriolet et partit. Les grands parens se rapprochèrent du feu, et décidèrent que M. Marsail demanderait une direction générale, que le pair Clipart aspirerait au gouvernement de la banque, et qu'une division militaire passerait sous le commandement du comte Lurton.

Si quelqu'un était venu dire à ces hommes avides que les faveurs dont ils désiraient l'obtention ne leur seraient accordées qu'au prix du déshonneur de leur nièce, il les eût frappés de stupéfaction et de mécontentement. Il y a dans nous des choses qui dorment d'un sommeil profond; à leur réveil, elles deviennent des serpens qui nous rongent: aussi que ne fait-on pas pour perpétuer leur insensibilité !

Nantilde s'avançait d'un pas lent et irrésolu; sa poitrine était oppressée, son front allumé et ses yeux tristes. Elle sentait le rôle qu'elle allait jouer : l'instant était décisif. En se conservant pure, elle perdait tous les avantages de sa vie; en immolant sa réserve, elle marcherait au premier rang.

— Si mon mari, disait-elle, eût été l'objet de mes affections, si je l'eusse épousé par amour, il m'eût été doux de lui sacrifier ce pouvoir, ce crédit qui a tant d'attrait à l'époque actuelle. Si même il en était digne, je pourrais, par respect, ne pas m'exposer aux critiques du public. Mais, lâche et vil, ne m'ayant recherché que pour mon bien, spéculant aujourd'hui sur mes charmes, il est tellement méprisable que je ne dois en aucune manière m'occuper de ce qu'il pensera. Les railleurs le persiffleront; que m'importe! Je les brave ; et ils se tairont devant moi.

Et elle releva si haut la tête, elle se mit à marcher si résolument, que ces seuls symptômes eussent suffi à l'observateur pour lui apprendre que Nantilde avait arrêté définitivement sa détermination. Le comte, qui l'attendait, vint à son approche; et, lui, se hâta de la complimenter sur sa beauté extraordinaire ce soir-là, et sur le bonheur qu'il éprouvait d'avoir à lui rendre service.

— Il faut en effet, monsieur le comte, espérer beaucoup en votre bonté, et être assurée que votre indulgence ne se démentira pas, pour avoir osé vous écrire sous forme impérative.

— Un esclave, madame, doit obéissance et soumission.

— Ah! monsieur, reprit Nantilde en parodiant, sans la mesure, un vers de Corneille ; de pareils esclaves n'ont des maîtres qu'en idée (1).

La citation plut: on aime dans une jolie

---

(1) De pareils lieutenans n'ont de chefs qu'en idée.
Corneille. Tragédie de Sertorius.

bouche ce qui a l'air de l'esprit ; et une conversation animée s'engagea. Nantilde, sans rien accorder, voulait beaucoup obtenir : Vaulaire, disposé à ne contenter sur tous les points, prétendait que la reconnaissance fait anticiper ; il se méfiait de la mémoire d'une jeune femme, et sa reconnaissance ne la rassurait pas complètement.

La discussion fut longue, animée, et toujours empreinte de fine fleur de vieille galanterie. Le comte partit tard ; Nantilde, dès qu'elle fut seule, traça, sur un papier caché dans une très épaisse enveloppe, ce peu de mots qui néanmoins disaient tout :

« *Je félicite le plus méprisable des hommes,*
« *il l'emporte sur ses concurrens.* »

Raymond, ce même soir, avait promis à madame la baronne de Saint-Montalban d'assister à un thé où elle réunissait nombreuse compagnie. Il y rencontra, en effet, ces hommes tarés qui portent un nom, et dont les fonctions, à Paris, sont de garnir les tripots relevés, et d'y servir en manière d'appeaux pour attirer les niais et les dupes; il y vit ces femmes équivoques, toujours sur une échelle descendante depuis leurs débuts; joueuses, commères, intrigantes, libertines, pour leur compte ou pour celui d'autrui; des étrangers de haut parage, des escros décorés, des enfans de bonne maison qui venaient là prendre de l'expérience aux dépens de leur santé, de leur fortune et de leur réputation.

Les salons étaient nombreux, superbement décorés, les rafraîchissemens abondans; et puis Joséphine, la maîtresse de la maison, portait, sur un corps de jupe de velours bleu garni de fourrures, une sorte de manteau de satin noir brodé d'or, un turban à l'orientale, et beaucoup de pierres fines. Sa haute stature, l'aplomb de sa démarche, le port de son cou, tout s'unissait pour lui rendre, par l'apparence, ce qu'elle avait perdu par le ravage du temps. Dès qu'elle eût aperçu Raymond, elle courut à lui; et élevant la voix :

— Est-ce vous, cher ami? Que vous êtes aimable! Vous manquiez à notre intimité (il y avait deux cents personnes). Ici on se connaît, on s'aime, on s'apprécie; tous ces messieurs sont la probité en corps et en âme; ces dames... sont... ah! d'excellentes créatures, pas vaines, pas fières, pas dénigrantes (elle baissa le ton). Méfiez-vous de ces deux désœuvrées, que je reçois malgré la défense de leurs protecteurs; préservez votre santé du contact de la troisième, là, à ma gauche; et si vous jouez avec la quatrième, veillez sur vos cartes, elle a mille moyens pour les neutraliser à son profit; et cette cinquième, coiffée à l'enfant, a été danseuse de corde : qui le croirait, au nombre de ses faux pas! La sixième a fait, il y a quinze ans, une campagne aux Madelonnettes. La septième...

— Eh! chère belle, dit Raymond en riant, il est clair que tu admets ici bonne compagnie.

—Les hommes à la bonne heure : il y a des princes, des ducs, des marquis, des colonels, des généraux, des capitaines, des littérateurs, des artistes. C'est superbe, c'est soigné, ça joue, ça perd, ça paie, ça sort: jamais de bruit, à part des démentis, quelques taloches, des tables renversées, des meubles brisés, mais si vite! si lestement! On n'a pas le temps d'y faire attention, que le dommage est réparé.

— Tu tiens donc un tripot?

— Fi! une table d'hôte, un salon de jeu où l'on ne reçoit pas la plèbe.

— Oui, les laquais en livrée et les manouvriers en veste; s'ils se paraient...

— Allons! pas de méchanceté, respectez l'honneur de votre femme.

— De ma femme ! Ah !.. écoute, Joséphine, pas de mauvaise plaisanterie ; je consens bien à me laisser plumer, mais je ne veux pas que tu me compromettes.

— O mon amour et ma fidélité ! comme on vous récompense !

L'exclamation comique fut interrompue par la vue d'un billet de cinq cents francs dont Raymond paya son entrée : à l'aspect de cette somme honnête, madame de Saint-Montalban, présenta Daclos à toute la compagnie comme un intéressant millionnaire, en passe de tripler son capital.

Une pareille recommandation produisit son effet. Les hommes firent de Raymond un but d'escroquerie, les dames pensèrent que, pour aller à la bourse, il fallait tâcher de passer par le cœur : en conséquence, plusieurs batteries furent dressées et on tira sur lui à bout portant regards, souris, doux propos, agaceries, gaîtés voluptueuses. Le temps lui parut court.

Il y avait là surtout une veuve de vingt ans, ex-femme d'un capitaine de vaisseau de la marine hollandaise. Madame Réville, beauté parfaite, modèle accompli, douce, tendre, couverte encore sous les voiles du veuvage, ce qui relevait merveilleusement une blancheur à éblouir. Sa mère respectable l'accompagnait, non en gêne de conversation, mais en caution à l'amateur que la veuve du prétendu Réville n'était pas une aventurière, comme l'affirmait le chœur de ses excellentes amies.

Raymond, frappé de tant de charmes, rôdait autour ; on savait un million dans son portefeuille, et un tel mérite est fort apprécié, à Paris, par les mères et par les veuves : aussi celles-là l'accueillirent si bien, qu'avant de partir, il sollicita la faveur de leur faire la cour chez elles. On le refusa sans le désespérer, et en preuve, on lui promit le soir suivant d'aller au Ranelach où elles se trouvèrent.

La maîtresse de la maison, dont l'expérience n'était pas moindre, dès qu'elle le vit parti, s'approcha de la digne mère, et, en même temps, s'adressant à la fille :

— Ah ça ! madame Grimald, je vous préviens que le poisson que vous avez poursuivi tantôt ne peut entrer dans votre réserve ; je le retiens dans la mienne et vous ne voudriez pas que je le régalasse de l'histoire de tous les capitaines de frégate ou de vaisseaux de ligne, de tous les colonels de terre, de tous les ordonnateurs, intendans ou commissaires des guerres, dont Javote a porté le deuil ?

— Oh ! l'on sait bien, la Bouchard, que vous n'êtes pas une amie, que la prospérité d'autrui ne vous occupe guère, et que vous voudriez journellement boire et manger à double ratelier.

— Ce n'est pas toujours votre écuelle qui a fourni ma pitance, tandis que mes salons vous ont constamment servi à tendre vos filets.

— C'est bien malhonnête à toi, dit la jolie veuve en s'adressant à la baronne, de vouloir m'empêcher de faire un bon coup.

— Pas à mes dépens, mignonne, pas à mes dépens.

— C'est ce que nous verrons, répliqua la chaste Arthémise; si je plais à ton monsieur, il deviendra le mien.

— Avant que cela arrive, vous sortirez de ces lieux.

— Qu'à cela ne tienne; quant il n'y aura plus que toi pour en faire les honneurs et le charme, tu verras diminuer les profits de la table et du flambeau.

— Mais, reprit la maîtresse du logis, qui tenait à cette tapisserie si gentille, si fraîche; pourquoi prendre mon bien ?

— Il fallait me prévenir, je ne peux pas deviner.

—Allons, Javote, faisons mieux : je lui laisserai le champ libre, mais que me donneras-tu en dédommagement ?

— A la bonne heure! c'est parler en femme sage, dit la mère Grimald; ma fille a des dettes, le dernier capitaine ne revient pas, il faut que le deuil finisse; et si le monsieur est millionnaire, eh bien! nous te remettrons trois mille francs sur le produit de la recette, et dans les premiers mois.

L'offre fut acceptée.

— C'est marché de roi, se dit Joséphine; j'en tirerai bon parti de mon côté, et ces mille écus me sembleront tomber des nues.

Le trio s'embrassa, et jamais ne parut en meilleure intelligence; et dans la foule, des badauds vantèrent leur amitié.

O race Béotienne moderne! que tu es forte dans ta stupidité!!!

Le Roué de vingt ans.

Je suis jeune, il est vrai, mais aux âmes bien nées
La valeur n'attend pas le nombre des années.

CORNEILLE. *Le Cid* Acte II, scène II.

XXVI.

Raymond était seul quand, à sa rentrée, on lui remit le billet de sa femme; comme il put le détruire en l'approchant soudain du feu d'une bougie, il lui fut libre de laisser éclater sa joie dans toute la force de l'expression.

—Me voilà donc déguignonné, se dit-il; oui,

personne.... et ma femme?.. elle seule! Je ne la regarderai pas. Si elle parle, je la démentirai... Et le comte il est âgé, il sera fidèle... alors on verra bien... J'ai ma place, je triomphe, vogue la galère, périsse tout remords, tout souvenir !

Il se coucha rêveur de madame Réville, et le lendemain à quatre heures du soir, il n'en avait pas fini avec le nombre de complimenteurs, d'amis improvisés, de flatteurs, de solliciteurs, d'employés, d'agens d'affaires, d'hommes à projets, de courtiers, de maquignons qui venaient l'aduler, le prier ou lui faire des propositions lucratives.

Fourcival ne fut pas le dernier à saluer la nouvelle étoile, il accourut en grand costume noir comme un corbeau des pieds à la tête ; et du plus loin qu'il aperçut Daclos, comme par hasard il entrait seul :

—Eh bien ! mon très cher père, allons donc

puiser en plein Pactole, morbleu ! gorgeons-nous d'or. Vous avez pris le bon parti : une femme spirituelle, sensible, philosophe, fidèle, connaissant le monde; elle a fait merveille! je gage que vous lui devez ce comble de bonheur... certes vous rougissez... bon, c'est cela... quelle honte ! mais chacun fait comme vous, c'est l'usage, la loi de famille. Ne vaut-il pas mieux que d'être tympanisé par un blanc-bec de vingt ans? Tout alors est affront, outrage... ici, au contraire, rang et profit; vous irez loin... Je ne vous demande rien, seulement par fois une bonne parole : Le télégraphe a dit ceci, le télégraphe a chanté cela... vous me le glissez tout bas, je prends mon vol, j'achète, je vends, pour vous, pour moi, du profit.... et un ami reconnaissant. Ah! c'est revenir à l'âge d'or.

Les Marsail, les Clipart, les Lurton étaient aux anges; ils racontaient bonnement comme

la chose s'était passée; ils prônaient la galanterie délicate du comte, sa promptitude à servir. En vain Raymond les conjurait de garder
le silence, il ne l'obtenait pas ; et les malins,
avec une physionomie candide, se faisaient
répéter, par plaisir, comment une visite en
tête-à-tête, faite à madame Daclos la veille,
avait tellement illuminé, le lendemain, le conseil du roi, que son mari en obtenait sa nomination à une place importante.

Nantilde passa la journée renfermée dans
son appartement; sans recevoir parens ni amis,
elle se dit malade.... A quoi rêve-t-elle? le
dirai-je ? un neveu du marquis de Molène,
presqu'aussi âgé que son oncle, venait de débuter à Paris ; écolier encore par l'étiquette,
mais si élancé, si brun, si frais, si bien décou-
plé, si beau garçon, que c'était merveille; po-
lisson, voluptueux, étourdi, noble de province,
c'est-à-dire, rempli d'un souverain mépris pour

la bourgeoisie parisienne, et croyant de bonne prise toute conquête faite à l'encontre de la fille, de la femme, de la sœur *de cette canaille*; téméraire, inconsidéré, insolent, ayant en un mot ce que le préjugé appelle *les agrémens de son âge.*

Ce maître fripon, bien qu'adolescent, s'était déjà formé; il y a telle ville de province, où la galanterie est en honneur et où l'on se livre à des excès malheureusement trop tolérés en bonne compagnie; il y a là des professeuses émérites, femmes de qualité, et qui ne valent pas mieux, des Lovelaces contraints à travailler sur un petit théâtre où ils déploient pourtant assez d'astuce et de rouerie pour se montrer digne d'opérer en haut lieu.

C'était dans une de ces cités fatales que le jeune Alexandre de Courvel avait fait ses premières armes; sa beauté singulière, la richesse de ses formes, développées par la nature avant le temps qu'elle-même a fixé, avaient attiré sur lui les regards de deux chanoinesses connaisseuses ; ces saintes dames, sous prétexte de le préparer à Dieu, le donnèrent au diable ; et le jeune garnement, à la suite de trois ou quatre aventures scabreuses où il avait dû payer de sa personne, car, dans ce pays, les frères sont peu endurans, était venu poursuivre à Paris ses études.

Le marquis de Molène, du moins, le croyait ainsi ; et pleinement trompé sur les dispositions du jeune homme, il l'annonçait comme un adolescent qui, doux, modeste et timide (l'apparence disait tout cela), prétendait suivre ses cours et se perfectionner dans la littérature et les sciences exactes.... Il avait bien un autre lièvre à courir !

Eusèbe, en l'annonçant, en le présentant, demandait pour lui obligeance et indulgence. Il l'avait conduit chez les Marsail, et présenté à

Raymond et à sa femme. Raymond, qui ne lui soupçonnait aucun crédit, à peine s'il le regarda. Nantilde, avec l'instinct des connaisseuses, reconnut, au premier regard, tout le parti qu'on pouvait tirer de ce nouveau sylphe; et, avec une voix légèrement émue, l'autorisa à venir perdre chez elle les instans qu'il aurait à disposer.

Le feu des regards du vicomte de Courvel et la vivacité de ses paroles flattèrent agréablement Madame Daclos, et le moment où les intérêts du ménage la décidèrent à faire un pas chanceux auprès du comte de Vaulaire fut celui où l'image de l'adolescent se présenta, la première, avec plus de charme dans sa pétulante imagination.

Elle gardait pour elle cette arrière pensée; en général, celle qui occupe le plus les femmes est la dernière qu'elles émettent au jour.

Vers deux heures, une ordonnance à cheval apporta à Raymond le titre de sa nomination. La famille, convoquée au milieu de la foule obséquieuse, lui conseilla d'aller à son tour, et par forme d'empressement, saluer le comte de Vaulaire et le remercier du service rendu. L'envie lui vint de dire que sa femme serait mieux accueillie; mais il n'osa pas descendre aussi bas : il y a dans l'homme des infamies qu'il peut faire, et qui lui font horreur à prononcer; il boit résolument à la coupe de la honte, et il recule à se verser publiquement à lui-même la liqueur empoisonnée.

Modestie et Franchise.

L'ascendant est irrésistible qui tire son principe de la vérité unie aux charmes.

Reflets de la Sagesse.

XXVII.

Ce même jour, le valet de chambre favori du comte de Vaulaire, investi par suite de toute sa confiance, et qui, le matin, l'avait félicité de son attardement de la veille, entra dans son cabinet avec une mine riante.

— Je crois, dit-il, Dieu me pardonne, que

monsieur le comte a jeté un sort aux jolies femmes de Paris; toutes se disputent sans doute l'honneur de sa protection, mais ma foi celle que je lui annonce m'a la mine de l'emporter sur les autres. Oh! la belle jeunesse! qu'elle est tendre et gràcieuse!

— De qui parlez-vous, mons Roger? à qui ont rapport ces audacieuses paroles, répondit le comte d'un air goguenard.

C'est qu'il y a, dans l'antichambre de monsieur, une poulette, une brebis, ah dam !..... que ce serait bon à croquer !

— Que veut-elle? une pauvresse, une quêteuse?

— Non, monsieur, elle est trop à son aise; elle n'a pas cherché à me faire la cour; elle vient, m'a-t-elle dit, pour vous parler d'affaires.

— D'affaires, à moi, une jeune et jolie fille... une grisette?

— Un peu plus, une demoiselle de bourgeoisie, comme qui dirait une artiste.

— J'entends mon portrait à faire, à lithographier, souscrire à une collection de dessins en projets, et qu'on paie à l'avance..... Impôt mis sur quiconque est inscrit en grosses lettres dans l'Almanach des vingt-cinq mille adresses. . Mais puisqu'elle est jolie, faites entrer l'intrigante ou l'ingénue, elle a, dit-elle, affaire à moi.

Roger, le vétéran grison, mercure officiel de son maître, partit, et peu après, rouvrant les deux battans, annonça mademoiselle de Nurmain.

A ce nom, qui tombait dans son oreille d'une manière si inopinée, le comte de Vauleine tressaillit et se leva involontairement ; il vit bientôt apparaître à la suite de son valet de chambre, une jeune personne dont la taille à la fois se faisait remarquer par sa noblesse et son élégance ; la physionomie, en rapport avec ces avantages, était encore relevée par la finesse et la fraîcheur naturelle de sa peau; un chapeau simple, grâcieux de coupe, posé avec goût, cachait sans doute de très beaux cheveux, si on en jugeait par une ou deux mèches égarées qui pendaient le long d'un cou de cygne; les formes des mains, des pieds, tout à l'avenant, complétaient ce charmant ensemble, auquel ajoutait une expression de candeur, de sérénité céleste qui commandait impérieusement l'estime, la vénération et le respect.

Tant d'attraits ne manquent jamais de produire leur effet ordinaire : quelle tempête, quel mécontentement eût élevé, au sein du comte, le nom prononcé par son valet, il ne laissait pas que d'admirer cette incomparable créature. Celle-ci, simple, modeste, attendait debout la décision du comte, qui, honteux que son étonnement lui eût fait manquer aux règles communes de la politesse, dit à mons Roger d'avancer un fauteuil, et qu'il pouvait se retirer.

Lorsque l'inconnue se fut assise et que la porte eut été close, au grand mécompte du valet curieux et accoutumé depuis quarante ans, peut-être, à être instruit des secrets de son maître, celui-ci dit, avec une affectation de sécheresse que son urbanité ne se permettait pas envers le beau sexe :

— Eh bien ! Mademoiselle, que me voulez-vous, et qui vous a inspiré l'idée de vous adresser à moi ?

Il allait poursuivre, développer toute sa pensée, mais une réflexion subite le retint : il craignit de révéler ce qui pouvait être ignoré de cette jeune personne, bien assuré qu'elle ne lui dissimulerait pas la vérité, et il se flatta d'opposer son grand usage de la diplomatie à ce qu'il présumait devoir être les finesses mal ourdies d'un enfant. La réponse ne se fit pas attendre.

— Mais, monsieur le comte, lui fut-il répondu, il est assez naturel qu'ayant à m'entendre avec vous des augmentations à faire dans mon appartement, je vienne en parler à mon propriétaire.

— Votre propriétaire, mademoiselle? Je ne comprends pas.

— C'est bien facile. J'ai loué dans la rue Cassette, dans un hôtel, votre appartenance, il y a trois ans, un appartement composé de deux chambres et d'une pièce obscure.

— Et vous logez chez moi.

— Je croyais que vous aviez vu, sur les quittances, mon nom.

— Votre nom... vous vous appelez?

— Ombeline de Narmain.

— Et vos parens?

— Je n'en ai plus, monsieur, et hors un frère, mon aîné, et lui-même d'un autre lit, je serais complètement orpheline, abandonnée à la pitié publique.

— Ce n'est pas ma faute, s'écria le comte; je ne savais pas...

— Eh! monsieur, qui vous reproche mon infortune, vous ne me devez rien ; votre pitié qui me touche peut se calmer; ce bon, cet excellent frère n'a jamais abandonné la pauvre fille. Il a eu des jours bien malheureux; il a eu beaucoup à souffrir, eh bien ! j'ai toujours été heureuse et dans l'abondance, grâce à lui. Il m'a donné ce qui lui manque, a soigné mon éducation, a veillé sur moi avec l'intérêt le plus tendre. Oh! que Dieu le récompense comme il le mérite! quant à moi, je ne pourrai jamais assez l'aimer, et le bénir.

Ces paroles, parties du cœur, et prononcées par une voix enchanteresse, pénétrèrent violemment dans celui du comte qui sentit son âme se dilater, et ses yeux se remplir de larmes.

— Que ce frère est heureux, dit-il enfin, car sa récompense est bien douce.

— Il la mérite : c'est un homme d'esprit, d'honneur et de probité.

— Mais, mademoiselle, repartit le comte, vous ne parlez que de lui.

— Je l'aime tant!

— Et de vous, n'avez-vous rien à me dire?

Certainement, le comte, dans cette question, mettait un sens bien autre que celui qu'Ombeline y attacha.

— Mon Dieu! monsieur, dit-elle, j'ai tant de satisfaction lorsque je peux rendre justice à mon excellent frère, que naturellement j'oublie le mince intérêt qui m'amène auprès de vous.

— Eh bien! quel est-il? J'ai aussi bonne envie d'avoir ma part d'une tendresse aussi expressive.

— Il y aura trop d'inégalité entre les soins, les veilles, les privations de toute une vie, qui formeront son lot, avec le très léger service que je viens réclamer de vous.

— A ce qu'il paraît, vous ne pensiez pas que je puisse vous en rendre de plus importans?

— Non, monsieur.

Le ton sec mis à cette réponse, blessa le comte; son front se couvrit de nuages, et il répliqua avec vigueur :

— En effet, je ne suis que votre propriétaire. Et vous aviez à me demander?

— Peu de chose ; mais enfin si vous me l'accordez, ce sera m'obliger réellement : les personnes qui logent sur mon carré, s'en vont à ce terme; leur appartement n'est pas loué encore : ils ont une toute petite pièce que l'on a visiblement séparée des deux miennes ; je voudrais qu'elle leur fût rendue, cela me mettrait plus à mon aise, et j'ajouterais au loyer ce que M. le comte voudrait.

— C'est à voir, cela peut se faire; j'ai un intendant qui se charge de ces détails, je l'enverrai sur les lieux, ou plutôt j'irai moi-même, et si je peux vous faire plaisir, croyez que je ne me le refuserai pas.

— Et grand merci, monsieur, dit la jeune fille se levant, et se montrant joyeuse du succès de sa négociation.

— Vous êtes prompte à partir, le succès obtenu, reprit le comte ; mademoiselle, vous ressouvenez-vous de vos parens?

— Hélas! monsieur, votre question me ramène à une époque toute de peines et de larmes, j'avais à peine six ans, lorsque je perdis ma mère; mon père expira aussi : je n'ai conservé de lui qu'un faible souvenir; on le disait beau à miracle.

Le visage du comte se rembrunit de nouveau ; il le devina, le couvrit un instant de ses mains; puis, ne se jugeant pas assez fort, il sonna.

A la promptitude que Roger mit à paraître,

il prouva qu'il devait être peu éloigné. Son maître lui demanda pour lui un verre d'Alicante, et, s'adressant à Ombeline, lui demanda si elle accepterait un fruit, un gâteau ou un verre d'orgeat. La réponse fut négative ; mais Roger tarda peu à reparaître, accompagné de deux laquais, l'un portant, sur un plateau de vermeil, des jattes de porcelaine de Sèvres remplies de raisins, de fruits confits et de gâteaux de toutes sortes ; l'autre tenait, sur un second plateau pareil, plusieurs carafes garnies de vins d'Espagne et de divers sirops rafraîchissans. Ils posèrent leur double fardeau sur une table d'acajou ployante que Roger avança au milieu du cabinet ; et puis, sur un signe de celui-ci, ils se retirèrent, lui demeurant, car ce long colloque l'a singulièrement intrigué.

Le comte pressa vivement Ombeline de sortir de sa sobriété ordinaire : elle s'y refusa avec une modération parfaite, se retranchant sur sa santé, sa tempérance habituelle et enfin, pour ne plus trop déplaire, elle finit par accepter une grappe de raisin de Fontainebleau. Le comte se versa une rasade du vin qu'il avait demandé ; et, sans plus s'embarrasser de la présence de mons Roger, il poursuivit son interrogatoire.

— Ainsi, jamais on ne vous parla de vos autres parens.

— Jamais. Ce qui m'a toujours porté à croire qu'ils avaient dû mourir avec mon père et ma mère.

— C'était du moins dans l'ordre de la nature, dit le comte avec une expression mélancolique ; mais celle-là si, bizarre, et de concert avec le trépas, son époux, intervertit l'ordre des choses ; satisfaite d'avoir produit, elle lui laisse le droit de détruire avant que le temps marqué pour la destruction soit venu...

Et votre frère qui doit être plus âgé que vous ?

— Il a dix ans en avance de sa sœur.

— Votre frère a sur ce point gardé le même silence.

— Oui, monsieur, il ne m'a rien appris, soit qu'il n'ait rien su dans le principe, soit qu'il ait voulu me cacher ce qui m'aurait affligé.

— Et il se mêle de vos affaires ?

— C'est un soin qu'il prend uniquement.

— Eh ! pourquoi, dans ce cas, n'est-il pas venu me trouver ?

— Je l'ignore : il m'a dit que je pouvais le perdre, que je devais commencer à soigner moi-même mes intérêts. Il m'a plaisanté, il a piqué mon amour-propre ; j'ai tenu à lui prouver que je ne suis pas si niaise, et... et... je suis venue résolument.

— Monsieur le comte, s'écria Roger tout à coup, ou les oreilles me cornent, ou j'ai entendu déjà la voix de mademoiselle; elle a une mélodie...

— Tais-toi, maître sot, dit Vaulaire courroucé; si tu as de la mémoire, crois-moi, étouffe-la avec tes souvenirs... Jour de Dieu! si tu bavardes encore... Mademoiselle, cela ne vous regarde pas: demeurez. Mons Roger a des incartades que je châtie, restez... Je vois que je vous ai effrayée; allez, je ne veux pas employer la force et vous retenir, adieu!

Ombeline peu habituée dans ces propos, et réellement épouvantée, s'était levée et prenait congé. Le comte, en chevalier français de l'ancien régime, la reconduisit jusqu'à la porte de l'escalier, lui rendant les mêmes honneurs qu'aux femmes les plus qualifiées, non duchesses: celles-ci doivent être accompagnées jusqu'à la cour ou au bas des degrés, et les princesses jusqu'à leur voiture. Ces traditions chaque jour disparaissent; il est bon de les rappeler au moins en image des formes du passé.

Vaulaire, en rentrant dans son cabinet, y trouva Roger à genoux, et le visage mouillé de larmes.

— Ah! monsieur, dit-il en le voyant et en joignant les mains, tout m'est expliqué maintenant : c'est la fille de madame la marquise de Nosei.

— Misérable enragé, scélérat de toute manière, que je ferai pourrir en fin fond de basse fosse, peux-tu me bourreler aussi cruellement, et pourquoi celle-là plutôt que mille autres.

— La voix, monsieur, est la même, et cette tournure si relevée et cette physionomie qu'on ne se lasse pas d'admirer, et plus que cela, monsieur le comte, votre surprise à son nom que vous devez connaître, les égards que vous lui avez manifestés, les questions que vous lui avez faites. Oh! grande maison, si triste et que j'ai vue si brillante, tu reprendras enfin ton éclat.

Le comte, ému de l'affection que lui portait le vieux serviteur ainsi qu'à sa famille, le prit par l'épaule pour lui aider à se relever.

— Allons, roi des fous, dit-il moins amèrement, sois raisonnable, le hasard a seul agi... D'ailleurs n'ai-je pas juré de rejeter loin de moi quiconque sortirait de ce sang odieux.

— Oui, mais monsieur était alors en colère; les années se sont écoulées, et un ange va venir vous réclamer ses droits... un ange, en vérité... Qu'elle est belle!... Comme elle est majestueuse dans sa simple parure, et où avais-je d'abord mes yeux ?

On annonça M. Raymond Daclos. Roger se hâta de disparaître, et le nouveau placé, après avoir fait un remercîment dont on l'eût bien dispensé, embarrassé dans son propos, honteux de son rôle, se doutant du mépris que le protecteur lui portait, voulut, pour y échapper momentanément, rompre la conversation; et cherchant un autre texte :

— En vérité, monsieur, dit-il, votre suisse est un heureux coquin; j'ai vu sortir de sa loge une grisette délicieuse, une nymphe la plus jeune des Grâces (il était mythologique, la mode d'ailleurs en revient); j'en suis resté en extase, et comme dit Néron de Junie. :

Jamais rien de si beau ne s'offrit à ma vue.

Oh! me suis-je dit, citoyen d'Helvétie, un si gentil minois n'est pas fait pour vous; je me l'adjuge, et en conséquence...

— Parleriez-vous, monsieur, dit froidement le comte en ne se gênant pas pour interrompre Daclos dans sa confidence intempestive, parleriez-vous d'une demoiselle vêtue de blanc, portant un schall bleu et un chapeau assorti ; grande, jolie, bien faite, et assez imposante pour éviter qu'on lui manque de respect?

— Oui, monsieur, ce signalement est d'une exactitude...

— Eh bien! monsieur, il s'applique à une personne à qui vous devez de la vénération, que ma protection environne, et qui lui manquera me blessera personnellement dans ce que j'ai de plus cher. Retenez bien ceci, dans le cas où mon affection vous soit agréable. Vous auriez dû voir que ce n'était pas du gibier à suisse; cette erreur prouve peu pour votre perspicacité.

La venue de l'archevêque de Paris rompit un tête-à-tête qui désormais aurait été embarrassant. Raymond en profita pour prendre congé, et en descendant l'escalier, il se disait : J'ai fait une école.

Trois Réponses.

Les chemins où nous faisons route sont couverts de brouillards; ils se dissipent à mesure qu'on avance, mais seulement par derrière. en face, jamais. L'avenir est donc pour nous le pot au noir où l'on se barbouille.
Recueil de Maximes.

XXVIII.

L'expression dédaigneuse avec laquelle le comte Vaulaire avait arrêté Raymond dans l'épanchement de sa reconnaissance, était venue à propos pour détourner celui-ci de compléter sa faute comme il allait le faire; et pour lui, avant son récit, les charmes d'Ombeline avaient si bien agi sur ses sens, que contraint à l'abandonner pour entrer chez son protecteur, il avait donné commission à son valet de suivre la jeune fille, se chargeant, lui, de conduire le cheval du cabriolet; et il avait donné rendez-vous à cet espion, chez un de ses amis qui logeait aussi dans la rue Saint-Dominique.

Il s'y rendit et eut le loisir d'attendre, bien que la distance de cette rue à celle Cassette ne fût pas démesurée. Ombeline, sans songer si elle était suivie, entra dans divers magasins, fit des emplettes, et ce fut au bout d'une heure que l'espion s'assura de son logement.

Pendant ce temps, Raymond, qui, n'ayant pas trouvé son ami, attendait dans la voiture, se mit à réfléchir aux incidens de la journée.

— Parbleu! se dit-il, le dernier n'est pas le moins étrange : quoi! je mets la main sur l'idole caché du comte! c'est sa maîtresse. Oh!... Ce l'est, certainement. Comme il a pris feu! avec quelle vivacité il s'est posé en paladin protecteur! Quoi! déjà, ma chère moitié... Il te sied bien, sot, de rougir: le pas est sauté, j'en ai reçu le prix... Mais, voyez le volage tromper déjà et par avance une femme estimable... crédule, qui se fie à sa parole... Nantilde sera désespérée. Morbleu, je le vengerai! je suis plus jeune que le comte... je me montrerai plus généreux... Nous verrons... Je le mènerai, et par deux femmes, sans qu'il s'en doute.

Il était revenu à diverses reprises sur ces textes qui ouvraient un champ vaste à son ambition. Son laquais enfin arriva. Il le gronda selon la coutume. Enfin, il apprit ce qu'il désirait tant savoir, et, muni de ces renseignemens précieux, instruit des divers sortes d'occupations de la jeune fille, il rentra chez lui bien déterminé à battre le fer pendant qu'il était chaud.

Le comte de Vaulaire, comme les hommes âgés, avait de la jalousie; il s'était expliqué avec Nantilde, et elle, charmée de le contenter à si mince prix, manda le lendemain au poète :

« O monsieur que vous êtes sublime! La
« perfection est désespérante; nous autres
« femmes l'avons en horreur : consentez à
« faire de moins beaux vers, et alors, peut-
« être, je pourrai vous aimer. A qui m'est
« supérieur, je n'adresse que de l'encens. Je
« plains la faiblesse de qui on rit : la pitié
« ouvre le cœur. Que mon admiration vous
« satisfasse, c'est une part dont les beaux gé-
« nies savent le contenter. »

Le libraire restait-il; eut son tour.

« J'aime l'industrie et ceux qui s'y distin-
« guent. Vous êtes un des grands hommes des
« procédés modernes; il est singulier que vous
« n'ayez pas inventé les actions en comman-

« dites; mais un temps viendra ou vous spé-
« culerez sur les sentimens. Ici j'aime qu'on
« ne me retienne aucune dévidende. Vous
« serez époux, voudriez-vous qu'on troublât
« la paix du ménage? mon mari est jaloux,
« il ferait un éclat: les duels ne conviennent
« pas au commerce; vivez heureux et en paix;
« et, pour que j'obtienne le réciproque, il faut
« cesser de nous voir : je ne vous recevrai
« plus que chez mes parens...

« Voulez-vous que par le crédit du comte de
« Vaulaire je vous fasse accorder la fourniture
« courante de la chambre des pairs ? des petits
« profits entretiennent l'amitié, je tiens à la
« vôtre.

Cielpur avait trop de véritable orgueil pour ne pas accepter franchement son congé; il le prit avec fierté, ne répondit point, et comprit d'où provenait son infortune, lorsqu'il eut vu à plusieurs reprises, et en grande loge, madame Nantilde Daclos perpétuellement suivie du comte de Vaulaire. Cottemper, moins éclairé, prit la plume, et en réponse à l'épître de la maligne coquette, il lui écrivit :

« Navré de votre inconstance... et la tête
« perdue d'amour et de douleur, je donne
« ordre à mon premier commis de correspon-
« dre avec vous, madame et chère tigresse,
« au sujet de l'ouverture que vous me faites
« touchant la fourniture de la chambre des
« Pairs... je méprise l'argent, barbare! je vou-
« lais le réciproque.... il vous priera de pous-
« ser le comte de Vauclaire afin qu'on ne me
« chicane pas pour des prix... qu'importe que
« je sois un grand homme, que j'édite avec
« goût et succès, si je ne peux vous coucher
« sur mes tablettes..... La remise ne peut être
« forte ; d'ailleurs, il faudra vous faire des
« douceurs, si vous envoyez à mon magasin...
« vous y êtes souveraine, tout y est à vous;

« libraire, et livres je vous offre toujours le
« partage des remises d'auteurs.... Quant à
« votre mari, je le respecte ; c'est un crâne, je
« le suis aussi..... C'est un tyran : autour de
« moi, tout tremble.... cela ne m'empêchera
« pas de mourir.... pour vous posséder, je
« donnerais ma vie et les sixièmes, contre l'u-
« sage de la maison ; car je ne fais ni comme
« Ladvocat, ni comme Gosselin, ni comme
« Canel.... ma raison est égarée... les deux
« sixièmes, entendez bien, la chambre des
« Pairs ne les aura pas mais..... aussi, je le dé-
« teste ce comte de Vauclaire, pair de France,
« Grand d'Espagne, Chevalier de je ne sais
« combien d'ordres... Oh! qu'il met du dé-
« sordre dans mon cœur... je boirai son sang,
« oui, je le boirai... s'il me fait avoir la dou-
« ble fourniture, il payera chaque volume un
« franc vingt-cinq centimes de moins que
« mes autres cliens.... Anéanti... furieux hors

« de moi... Je vais prendre du punch, me
« coucher là-dessus, et, enivré de mon dé-
« sespoir, chercher un sommeil profond qui
« me ravisse à votre injustice... Ah! Lionne,
« tu veux ma mort!!! avec la présente, je
« vous fais passer un supplément de cata-
« logue en vous recommandant toujours les
« intérêts dela maison.

« J'ai l'honneur d'être votre affectionné
« serviteur.

« Cottemper. »

« *P. S.* Je ne reçois que des lettres affran-
« chies; un instinct m'a fait accepter la vôtre.
« Oh! les odieux quinze centimes, ils man-
« quent à ma caisse, c'est sûr! aussi n'en sont-
« ils que plus lourds sur mon cœur. »

Une dernière épître restait à tracer. Nantilde hésita à répondre. L'adresse jointe à la provocation, était fausse sans doute. Mais elle annonçait l'attente d'un mot d'écrit... Peut-être que la veille et au moment de la colère, et avant le rendez-vous accordé au comte, cette réplique eût été plus énergique; mais maintenant.... n'importe; elle lui était insupportable! elle pesait non sur son cœur, mais sur son orgueil; et enfin, persuadée que ce qu'elle cachait resterait ignoré encore, elle dit :

« L'audace de celui qui m'outrage, provo-
« que mon mépris; c'est le seul sentiment qui
« le retrouve dans une âme où il aurait pu
« régner. Je sais qui m'a écrit; il a déguisé
« ses traits de plume, il a conservé son style.
« L'entendre parler, ou le lire, cela se rapporte
« par trop, pour balancer à dire : C'est lui. Je
« sais ce qu'on m'a fait, je le répète; j'étais
« confiante, je n'ai pas voulu être folle : tous
« les gens sages penseront comme moi. »

« Vous qui conseillez si bien que ne prê-
« chez-vous d'exemple? Vous cachez votre
« conduite; la modestie, par fois, agit ainsi, et

« plus souvent, la duplicité. Après vos torts
« envers moi, de quoi n'êtes-vous pas capable!
« Je plains la femme qui comptera sur votre
« constance et surtout en votre sincérité.
« Je vais marcher les yeux fermés dans la
« route que vous m'avez tracée : le bien et le
« mal, tout vous appartient ; acceptez-le, c'est
« votre ouvrage. »

Elle s'arrêta, relut ce qu'elle avait écrit, et s'avoua qu'elle n'était pas satisfaite ; elle aurait voulu autre chose, être plus incisive, plus mordante, plus dédaigneuse, surtout.

« Il n'y a que de l'amour s'écria-t-elle dans cette sotte lettre. Seul il y domine, seul il la remplit... Comme il en jouira!... quel triomphe... elle ne partira pas!

Elle la saisit, et allait la déchirer ; mais, la rejetant sur la table d'où elle l'avait prise :

« Qu'elle aille à son adresse ; rien n'y prête à la maligne raillerie, elle ne peut qu'éveiller les remords. Oh! s'i elle en appelait, un, rien qu'un!... ma vengeance serait consommée.

Satisfaite de cet espoir auquel elle s'attacha, elle mit la lettre sous enveloppe rapidement, la cachetta encore plus vite, et, par le secours de la camerière intelligente, la fit, avec la même promptitude, apporter à son adresse.

Nouvelle Complication.

Où s'arrêteront les caprices de la destinée?
Roman inédit.

XXIX.

Le marquis de Molène s'était promis de laisser passer du temps avant de se remontrer chez Ombeline ; mais parole d'amant est légère, et l'esprit les oublie ou les parjure avec d'autant plus de fidélité, que le cœur s'est tenu à l'écart. Il se surprit à pied, selon l'habitude, prenant la direction de la rue Cassette, lorsqu'il vit devant lui Louis Dumar, qui cheminait d'un pas rapide dans la même direction, et qu'il eut bientôt perdu de vue.

Cet incident ne l'occupa guère : il était naturel de rencontrer quelqu'un de connaissance errant dans la vaste ville; mais ce qui l'étonna davantage, ce fut, en débouchant sur la place Saint-Sulpice, de reconnaître qu'il était précédé par Raymond Daclos, qui prenait, lui aussi, la route de la rue Cassette. Il était l'homme qu'Eusèbe eût le moins souhaité de voir; en conséquence, il ralentit son pas, très étonné de cette double circonstance, et surpris que ce quartier, qu'il croyait tant abandonné, fût, au contraire, familier à ses amis.

A mesure qu'il avançait de la maison où logeait Ombeline, il s'interrogeait sur ce qu'il allait y faire; il se promettait bien de ne pas s'engager témérairement : il voulait avoir avec la jeune fille une explication franche et précise, et, en conséquence, de ce qui en découlerait, il se déterminerait à lui céder en entier son cœur, ou il chercherait à la reprendre, dût-il lui en coûter de grands combats et de longs efforts.

Au moment où sa main allait agiter les cordons de la sonnette, une voix d'homme, s'élevant de l'intérieur, frappa son oreille; il s'arrêta, et, en dépit de sa haute délicatesse, prêta une attention commandée par l'intérêt qu'il prenait à cet incident. Il se dit que c'était là sans doute le personnage mystérieux qu'Ombeline se refusait de lui faire connaître; cette fois éviterait-elle de les mettre en présence. La dernière, Louis était avec elle lorsque le marquis arriva; ne voulant pas encore être vu par lui dans ce lieu, il avait pris une retraite dans le cabinet obscur que l'on connaît déjà, en oubliant néanmoins d'emporter son chapeau avec lui ; ce qui avait amené la scène décrite dans l'un des précédens chapitres. Le marquis ne se possédant plus, sonna avec vivacité, un profond silence aussitôt s'établit dans l'intérieur de l'appartement, et lui de dire : On va le cacher de nouveau.... c'est une intrigue... Je ne me laisserai pas jouer.

Peu après, il entendit le pas léger de la jeune artiste, elle s'approcha de la porte, l'ouvrit, et au lieu de laisser voir sur ses traits le moindre mécontentement, elle les embellissait des manifestations d'une joie vive et pure ; la chose fut si patente que lui se demandait si ses sens ne l'avaient pas trompée.

Dès qu'Ombeline l'eut reconnu : « Ah ! monsieur de Molène, dit-elle, que votre présence m'est agréable ; je me trouve insultée chez moi par un homme infâme qui vient ici m'avilir en m'adressant des propositions odieuses. Le souffririez-vous et serai-je assez à plaindre pour ne pouvoir compter sur votre concours?

— Grâce à dieu, mademoiselle, repartit Eusèbe, la moindre de votre sexe aurait droit à ma protection, a plus fort titre, je dois prendre votre défense.

Il dit, et précedant la jeune artiste, il entre, s'avance, et..... et reconnait Raymond Daclos. A cette vue, il s'étonne et s'arrête; Raymond, peu interdit, voit à son tour à qui il a affaire.

— Parbleu! marquis, dit-il, je ne te connaissais pas une aussi charmante amie et, désormais, je ne serai pas surpris si mademoiselle se met en dépense de vertu, pour repousser mes offres loyales.

— Il y a ici, très certainement, un malentendu, repartit Eusèbe, et je suis persuadé, M. Daclos, que vous avez été induit en erreur, lorsque vous vous êtes introduit chez mademoiselle. Vous êtes chez une personne estimable, digne de vos respects et des miens; et je vous conseille d'éloigner toutes allusions inconvenantes ; rien dans mademoiselle ne les autorise et je suis déterminé à ne pas les souffrir..... Monsieur, poursuivit-il en s'adressant à Ombeline, est de mes amis, et je suis assuré que, honteux de son imprudence, il s'excusera de vous avoir insultée et tâchera par sa conduite respectueuse, de vous revancher du mal qu'il vous a fait.

Ces paroles prononcées avec calme et solennellement, si elles soulagèrent Ombeline, placèrent Raymond dans une situation difficile ; trompé par les apparences, et l'état de son cœur ne pouvant admettre le bien, il ne doutait pas qu'Ombeline ne fût une fine mouche qui trompait, à la fois le comte de Vaulaire et son ami. Les propos de celui-ci annonçaient combien il était sous le charme, et la lâcheté de Daclos ne lui permettait pas de le braver, indécis sur ce qu'il fallait faire et dire, comprenant bien au moins la nécessité de parler, il se hâta de répliquer à l'admonition du marquis.

— Certes, Euzèbe, je ne m'attendais pas à te rencontrer ici, où tu me parais solidement établi du consentement de mademoiselle ; j'avoue que j'y suis venu en passe-volant, en étourneau, en papillon attiré par une fleur charmante. Je croyais pouvoir exprimer mon admiration avec franchise, j'ai trouvé la place prise. Je lui soupçonnais bien un protecteur, mais pas toi, qui auras certainement maille à partir avec..... Adieu, mon ami, mademoiselle, recevez mes excuses et un conseil à la fois, le marquis de Molène est assez aimable pour qu'il ne soit pas nécessaire de lui donner un suppléant.

— Monsieur, dit Ombeline avec fermeté, et en se plaçant devant la porte de manière à l'empêcher de sortir, je ne consentirai pas à votre retraite avant une explication nette des paroles que vous venez de prononcer. Vous avez paru là en homme de vice et d'insolence ; un ami m'est venu, je tiens à son estime et vous qui cherchez à me l'enlever, ne me quitterez pas sans avoir guéri cette cruelle blessure.

Molène surpris de la fermeté généreuse d'Ombeline, et charmé de la voir se prononcer avec autant d'énergie, dit à Raymond :

— Mademoiselle à raison, ne faites point le Parthe : convient-il de décocher une flèche perfide lorsque l'on abandonne la partie! allons Daclos, un peu de justice, avouez tout.

— Ce serait manquer de délicatesse, et je craindrais trop de compromettre le secret d'autrui.

— Pourquoi avoir cette syndérèse, quand devant moi vous jetez sur mademoiselle un soupçon qui peut la dégrader à mes yeux.

— Allons Eusèbe, un peu de complaisance, nous sommes gens de revue, nous pourrons nous éclaircir ailleurs qu'ici.

Un regard d'Ombeline changea soudainement les dispositions du marquis; il fit un pas, se rapprocha de Raymond; et d'une voix fortement accentuée :

— Monsieur Daclos, dit-il, je porte à mademoiselle un sentiment qui domine toutes mes autres affections; j'aime sa beauté, ses talens, ses grâces; j'avais toujours admiré sa vertu, vous y portez atteinte, et il est impossible que vous ne formuliez pas contre elle une accusation directe, ou que vous ne conveniez pas que vous êtes un calomniateur.

L'austérité de ce propos, la dureté du mot qui le termina, irritèrent Raimond; d'un autre côté, il tenait à l'amitié d'Eusèbe et par dessus tout, il redoutait de mêler à un commérage quelconque le nom du comte de

Vaulaire. Cependant, il s'était placé dans un défilé dont il devait sortir; car Eusèbe, se maintenant dans son insistance, il consulta son courage, il le trouva glacé, il voulut le ramener à la vie : des cœurs comme le sien ne se réveillent pas à la voix de l'honneur; dans cette situation pénible, il louvoya.

— En vérité, dit-il, je joue de malheur : je vois une belle personne, je la suis, je découvre son protecteur; ceci m'enhardit davantage à chercher à lui plaire et tout à coup je trouve sur mes bras mon meilleur ami; piqué, troublé, je cherche une épigramme pour vengeance : tant de jeunes filles, à Paris, ont eu un premier malheur !... Eh bien ! je tombe sur la seule qui a tout à perdre, et me voilà dûment atteint et convaincu de mensonge et de perfidie. Soit, je suis coupable, je m'humilie; cela suffit-il?... Quant à toi, Molène, tu as trouvé le phénix, conserve-le, il n'y en a pas un second dans la capitale. Mademoiselle, recevez mes excuses; au revoir, cher marquis.

Il dit, prend son chapeau. Un coup-d'œil d'Eusèbe demande à Ombeline si elle est satisfaite. La jeune fille qui redoute de provoquer un duel entre deux amis, et, d'ailleurs, sûre de son innocence, accède et fait signe de la tête qu'elle n'a plus rien à demander. Alors le marquis, sans rien dire, s'efface; et Raymond, satisfait, s'échappe heureux de s'être tiré de ce méchant pas.

Dès qu'il eut fermé la porte et qu'on l'eut entendu descendre dans l'escalier, mademoiselle de Rumain remercia vivement Eusèbe de son intervention.

— Hélas! dit-elle, j'étais tranquille et sans méfiance; on sonne, je vais ouvrir, cet homme se présente; il parle d'abord d'ouvrage à faire, de pratiques à me procurer : je l'écoute et répond, de mon mieux, bientôt il s'enhardit, passe à l'éloge de ce qu'il appelle mes charmes, et ne rougit pas de m'adresser d'insolentes et d'odieuses propositions..... Epouvantée, craignant une scène sanglante, je demandais à Dieu du secours : il vous a envoyé, car j'étais seule, et dans mon effroi qui m'eût sauvée ?

— Mais, mademoiselle, dit cette fois Molène, avec un passage subit de la chaleur d'un amant au mépris d'un homme qui se croit en présence d'une femme dégradée ; mais le protecteur secret qui ne veut pas qu'on le voie, qui, sans doute, est ici en incognito encore, et dont mon ami vient d'emporter le chapeau en laissant le sien ?

Il achève, et sa main montre le castor de Daclos, où sont ses gants, posés auprès d'une canne que Molène croit également appartenir à son ami ; car il déclare qu'elle lui est connue. La confusion d'Ombeline fut extrême, son front pâlit; ses yeux se remplirent de larmes; et, hors d'état de répondre, elle se tut.

— Mademoiselle, dit le marquis, lui, également accablé, je venais, cette fois, avoir avec vous une explication complète; mon cœur, certain de son amour, espérant dans le vôtre, me déterminait à vous offrir ma main; c'était avec bonheur que j'aurais fait le vôtre. Dieu me refuse tant de prospérité; il est certain que je ne vous aurais pas tout entière : un autre a part à vos affections, un autre qui m'écoute; je lui laisse le champ libre; puisse-t-il vous rendre heureuse ! il le doit. Quant à moi, je serai désormais le plus infortuné des hommes. Adieu.

Il dit, et, sans attendre la réponse d'Ombeline, il gagne précipitamment la porte, et avec la même vitesse franchit l'escalier; emportant un cœur blessé du trait le plus cruel; les douleurs de l'amour augmentent de vivacité quand elles reposent sur l'humiliation de l'amour-propre.

Espoir au sein du malheur.

Qui refuse de croire au secours de la Providence, mérite la mort.

Sagesse des Orientaux.

XXX.

Ombeline, anéantie par ce coup affreux qui détruisait sans retour son bonheur, ne put prendre sur elle de retenir un amant indigné, justement aigri par les apparences ; elles s'étaient réunies constamment pour la présenter coupable, et la pauvre fille avouait que le marquis n'avait pas tort. Les soupirs et les larmes lui ravirent presque la connaissance de sa situation, et elle tomba à demi évanouie sur un fauteuil voisin.

Dans ce moment, la porte du cabinet noir s'ouvrit lentement. Louis Dumar en sortit, portant empreint sur sa physionomie le chagrin qu'il partageait avec sa sœur; il vint à elle, lui prit la main, lui fit un baiser sur le front.

— Allons, dit-il, du courage, tout peut se réparer. J'étais prêt à me montrer, à tomber sur l'infâme qui s'est introduit le premier, lâche débauché que je punirai de son audace. Je me félicite d'avoir su me contenir encore un peu, puisque tu as dû ta délivrance à celui que tu aimes.

— Et maintenant il me hait, s'écria Ombeline; que dis-je? il me méprise, il me regarde comme l'une de ces créatures abandonnées que la société rejette, et qui sont en horreur aux gens de bien.

— Oui, il est jaloux; c'est pour la seconde fois que mon étourderie t'embarrasse avec mon chapeau maudi; j'ai été si pressé de me cacher, je craignais tant que ce ne fût Eusèbe que j'avais aperçu venant après moi ; et l'autre a pris mon chapeau pour le sien. Du moins m'a-t-il laissé ma canne; mais je ne pourrai plus me servir de celle-ci: Eusèbe l'aura peut-être examinée. Que vais-je faire ? car je ne consentirai pas à mettre sur mon front ce chapeau avili par son maître.

Il réfléchit, courut sur l'escalier, appela un commissionnaire et envoya chez le premier chapelier trouvé, pour qu'on lui apportât de quoi remplacer ce que Raymond lui avait enlevé; puis, et en attendant, il revint consoler Ombeline. Ce ne fut pas aisé ; elle se voyait déshonorée et abandonnée par un amant si cher à son affection. A peine si elle put soutenir la conversation que Louis fit presque entièrement rouler sur ce qui s'était passé à l'hôtel de Vaulaire; Ombeline s'en occupait peu, ne songeant qu'à son amant qui la croirait infidèle.

— Chère sœur, dit Dumar, ne traite pas avec autant d'indifférence ce qui doit te conduire au bonheur. Jusqu'aujourd'hui, et afin de ne pas te repaître de vaines espérances, je n'ai pas voulu t'instruire de l'histoire de tes parens et surtout te parler des droits que tu as à la fortune du comte de Vaulaire.

— A quoi bon, répondit Ombeline, justement chercher à me distraire par un badinage? Quels rapports y a-t-il entre ce seigneur et moi? Que lui suis-je?

— Tu es sa petite-fille.

— Moi!

— Oui, toi, Ombeline de Nurmain, du nom de ta mère qui n'a pas été la mienne; elle était propre fille du comte de Vaulaire. Veuve, maîtresse indépendante d'une fortune considérable, que lui avait donnée son premier mari, elle vit mon père, le plus séduisant des hommes; et après lui avoir confié son honneur, elle accepta sa main. Le comte de Vaulaire, indigné de ce mariage, car mon père, quoique bien né, avait déjà eu tant de fâcheuses aventures, rompit avec sa fille, cessa de la voir, et même ne voulut plus en entendre parler; dès ce moment ta mère, livrée à son mari... Oh! cruelle position, il faut que j'accuse mon père...

— Et que tu te justifies, Louis. Ah! déjà, tout m'est expliqué; non, ce n'est pas toi qui as dilapidé la somme que ma mère avait, en mourant, laissée pour ma dot. C'est, et tout me le dit maintenant, ce père que je n'ai presque jamais vu, qui aura commis le détournement de fonds dont ta piété filiale a voulu se charger... Oh! que je dise vrai, mon cher frère, tu m'as trop aimée pour t'être mal conduit à mon égard.

— Chère sœur, à la mort de nos parens, je suis devenu ton tuteur naturel; j'ai eu une jeunesse bien orageuse, j'ai dévoré ma fortune...

— Et non la mienne. Pourquoi te charger de ce tort, Louis? lors que tu es le plus pur, comme le meilleur des hommes.

Ombeline, soulagée par ce qu'elle venait d'apprendre, tendit les bras à son frère, et tous les deux se donnèrent un chaste baiser.

— Tu vois, reprit Louis, combien j'avais de motifs pour ne pas faire connaître à Eusèbe tes rapports avec moi; je voulais qu'il t'aimât pour toi seule; qu'en t'élevant à lui de ta pauvreté, il te fît un sacrifice immense qui te prouvât la sincérité, le désinteressement de son amour; par là, tu le chérissais à double titre, et je le récompensais des services que son amitié m'a rendus, en lui donnant une femme charmante digne d'un trône par ses vertus et qui, en même temps, serait l'unique héritière des biens immenses du comte de Vaulaire.

— Eh bien! dit Ombeline mélancoliquement, ton château en Espagne est détruit; me voilà sans retour brouillée avec ton ami.

— Pauvre innocente, tu connais peu l'amour; tu verras si le marquis renonce à toi; mais maintenant, je ne veux plus qu'il te voie dans la gêne; il ne sera plus admis à te faire la cour qu'en ta qualité de petite-fille du comte.

— Qui ne m'a pas reconnue.

— Il te reconnaîtra dans peu, je le présume; il est impossible que le nom de Nurmain ne l'ait pas frappé; je vais d'ailleurs le trouver, et tout me fait espérer que nous le verrons devenir ce qu'il doit être.

Louis ajouta tout ce qui pouvait charmer sa sœur, lui enlever sa peine amère, et lorsqu'il eut fait choix d'un chapeau, il quitta la jeune désolée, en prenant l'engagement de ne pas la laisser seule long-temps. Il ne prit point sa canne, afin de ne pas être reconnu par le marquis si le hasard, dans cette matinée, les mettait en présence.

Le dépit, l'irritation croissante entraînaient Eusèbe. Quand il sortit de cette maison, il se jura solennellement de ne plus y reparaître; il s'ordonna l'abandon perpétuel d'un amour qui le placerait, dès avant le mariage, dans la catégorie des hommes que la société siffle, et pour mieux oublier cette maîtresse ingrate, il se détermina à chercher une autre occupation à son cœur.

C'est la marche commune de tout amant piqué; il croit facile de commencer une nouvelle tendresse ; il ne sait pas que cette fantaisie qui le porte à imiter une infidèle, n'est qu'un moyen employé pour ramener celle-ci. Il se rappela les attraits de la belle Nantilde, et que parfois elle avait doucement attaché sur lui son regard passionné.

— Je lui plairai, se disait-il, je lui plairai sans doute; elle est séduisante, et peut-être me rendra-t-elle moins malheureux.

A ces derniers mots, il rougit, se rappelant la coquetterie de cette femme tant à la mode; déjà on parlait de sa liaison avec le comte de Vaulaire et avec le jeune Anselme son propre neveu. Cette preuve pénible du peu de vertu de cette personne à la mode lui fit pousser un long soupir.

— Ainsi, se dit-il, la franchise, la fidélité n'existent plus sur cette terre; nous sommes les jouets du caprice d'une insensée, et lorsque l'on se flatte de la trouver digne de notre amour, ce n'est plus qu'une créature de mœurs pareilles à celles qui parcourent la voie publique, bien que momentanément son rang soit plus élevé.

Ainsi tourmenté de pensées diverses et pénibles, ne s'arrêtant à aucun plan, il se contenta de maudire ce sexe perfide qui le rendait si malheureux, et de se promettre de rompre sans retour avec celle qui venait de le blesser si profondément.

De son côté, Raymond Daclos n'était pas à son aise; il comprenait tout ce qu'avait de désagréable l'acte qu'il venait de faire. Très convaincu de la duplicité d'Ombeline, il ne doutait pas que, tout ensemble, elle ne trompât le comte de Vaulaire et Eusèbe, connue de celui-ci, elle saurait ou même déjà savait son nom, et par suite se vanterait nécessairement auprès du pair de France de lui avoir résisté.

Or, ce qu'un vieillard pardonne le moins,

c'est qu'on aille sur ses brisées; il ne s'avisera pas d'admettre la loi du talion, et sans doute, devenu jaloux, cherchera à se venger en lui enlevant la place qu'il venait de lui faire donner. Ceci lui causait un tel effroi, que, dans sa terreur, il se détermina, ayant, le malheureux, bu jusqu'à la lie dans le calice de la honte, à courir près de sa femme, lui faire part de ce qui se passait et la prévenir que le comte, peu content de lui porter ses hommages, entretenait encore une maîtresse, jolie grisette, et qu'on pourrait surprendre en flagrant délit; car elle avait un second ami, d'un âge plus rapproché du sien, et que par conséquent elle préfèrerait.

Raymond, rempli de cette nouvelle idée, se rendit directement à son hôtel. Il monte, non par le grand escalier, mais par celui qui était particulier à son appartement; et de là, un second, et aussi secret, le fit déboucher dans le salon d'honneur, qui précédait la chambre de sa femme, il tourna le bouton pour entrer dans celle-là, et il sentit que des verrous, fermés en dedans, lui opposaient de la résistance; il frappa et appela, certain que sa femme était chez elle.

Au bout de deux ou trois minutes, la belle Nantilde vint ouvrir : elle était à demi vêtue ; sa robe chiffonnée, son visage coloré, une vive agitation faisait battre son sein; et dans ses yeux tout à la fois se peignaient la surprise et le mécontentement.

Raymond, bien que préoccupé de ce qui l'amenait et du rôle indigne que son ambition lui faisait remplir, ne put toutefois se retenir de faire attention à la manière dont sa femme le recevait et dont elle se présentait à lui. Un soupçon rapide comme l'éclair passa dans son esprit; il craignit que le comte de Vaulaire ne fût plus proche qu'il ne parût, et dans cette incertitude, il posa son chapeau sur le premier meuble venu ; et, prenant Nantilde par la main, la conduisit vers un balcon dont la croisée entr'ouverte éteignait le son de la voix ; et, adoucissant la sienne :

— Je vous dérange peut-être, dit-il, et le comte.....

Il s'arrêta à la vue du mépris et de l'effroi qui remplirent les regards de sa femme ; mais reprenant..... L'avez-vous vu depuis long-temps?

— Hier, monsieur; et que signifie cette question?

— Oh! rien, je craignais que, maintenant, il ne fût chez vous et que, par égard pour votre réputation et en haine des mauvaises langues, il ne se fût dérobé au curieux survenant.

— J'étais seule.... je reposais.... vous avez frappé avec brusquerie, cela m'a troublée.....

Seriez-vous jaloux, par hasard, pour le compte d'autrui, car, pour le vôtre, il me semble que vous en avez perdu le droit.

Ce propos fâcheux frappa durement le cœur de Raymond qui pâlit, balbutia; et, reprenant la parole :

— Je me suis immolé à l'avantage de notre maison, et plus est grand le sacrifice que la nécessité m'impose, plus il me serait amer d'en perdre le fruit. Tantôt j'ai été dans une maison où le hasard m'a fait rencontrer une jeune fille très belle et qui vit, tout me l'assure, sous la protection du comte de Vaulaire; elle se nomme Ombeline de Nurmain, elle est seule et travaille soit à peindre des fleurs, soit à raccommoder des schalls de cachemire. J'ai fait une attaque chez elle, je vous l'avoue, et toujours dans notre intérêt commun, afin de maintenir, de tout point, M. de Vaulaire dans notre dépendance; n'allez pas soupçonner, chère amie, la sincérité de mon attachement.

— Ah! monsieur, repartit Nantilde, peu m'importe vos plaisirs, vos distractions, vos passe-temps; que m'importe même la confidance que vous me faites?

— Parbleu! elle doit pourtant vous intéresser. Voilà une péronnelle qui chasse sur nos brisées, qui peut capter le comte au point de le retenir et de nous l'enlever. Oh! je ne veux pas qu'on chasse ainsi sur nos terres, qu'on nous ravisse notre bien.

Nantilde s'avança sur le balcon comme pour s'éloigner de son mari et en laissant éclater le dégoût qu'il lui inspirait; il la suivit; et continuant :

— Il serait bon d'informer M. de Vaulaire, que l'innocente beauté qu'il tient en charte privée s'émancipe; car, à peine avais-je eu le temps de causer avec elle, que tout à coup est entré mon ami de cœur le marquis de Molène, non en passe-volant, tel que moi, mais en homme établi, en vieille connaissnnce. Le coup de théâtre a été gai. Le marquis, vrai gentilhomme, entend la plaisanterie; il a été fort coulant, néanmoins, je lui ai cédé la place et, prenant mon chapeau comme je le prends à présent, je lui ai dit..... Mais, mon Dieu, qu'est-ce?.... Ce n'est pas là mon chapeau.

— A qui donc serait-il, dit Nantilde, cherchant à maintenir son émotion renaissante.

— Mais, madame, au vicomte Anselme de Nolvert, neveu du marquis de Molène, dont le nom est gravé en lettres d'or sur la coiffe, et voilà là, sans doute, le mien qui aura chuté derrière cette chiffonnière.

Raymond se baissa brusquement pour ramasser le chapeau qu'il voyait et, en l'examinant, il y trouva glissé dans la bordure de cuir une lettre à l'adresse de Louis Dumar. La stupéfaction de Daclos, la surprise de sa femme, l'inquiétude commune à tous les deux pourraient difficilement être décrites; ils se regardaient réciproquement, sans d'abord se parler. Raymond enfin, rompant le silence :

— Ce qu'il y a de sûr, dit-il, c'est que, là bas, chez la grisette comme ici, on mange non à double mais à triple ratelier.

— Que signifie, monsieur, dit hautement Nantilde que la prudence abandonnait, cette comparaison injurieuse.

— Je dis, madame, que tandis que je luttais contre mon ami le marquis, un troisième amant de la donzelle était caché dans un réduit et avait oublié son chapeau ; et comme je n'ai pas rapporté ici, très certainement, deux castors, il m'est prouvé qu'à l'heure où je vous parle, un des deux propriétaires de ces couvre-chefs monte, comme on dit, la garde dans l'un de vos arrière-cabinets.

— Vous êtes un insolent, s'écria Nantilde hors d'elle-même, pourquoi me manquer ainsi !

— Je dis vrai, et, parbleu! je serais curieux de voir notre substitut.

Et en prononçant ces mots, il donna un coup de pied violent à la porte du boudoir qui était fermée; il l'ébranla par la force de l'attaque; il allait redoubler, lorsque Nantilde, le prenant par le bras, l'arrêta.

— Soyez sage, monsieur, dit-elle; réfléchissez à notre position; je ne vous dois rien, vous savez ce que vous m'avez fait faire; si j'ai maintenant un amant de mon choix, c'est encore moins coupable, je présume, que la femme perdue avec laquelle vous vous êtes marié avant moi, et en Angleterre.

Cette révélation inattendue tomba, pareille

à la foudre, sur Raymond; tour à tour, il en pâlit, en rougit, en frémit; se maintint dans une morne rêverie, puis relevant la tête :

— Soit ! j'avoue ma faute ; mais êtes-vous venue pure dans mes bras? avez-vous oublié la nuit fatale de nos noces, et la confidence cruelle que la nécessité vous imposa envers moi? Allez! allez! monsieur vaut bien madame. Ne nous reprochons rien, notre turpitude est commune; mais néanmoins la haine que je porte à Louis Dumar est trop véhémente pour que je consente à me laisser souiller par lui : il est là, dans ce cabinet; qu'il en sorte... qu'il en sorte, le lâche, sinon je le stygmatiserai de mon mépris partout où il sera. Mais il ne paraîtra point; l'infâme a trop peur de compromettre sa vie.

Alors la porte du boudoir vint à s'ouvrir, et le jeune et beau neveu du marquis de Molène, que Raymond soupçonnait être chez la grisette en remplaçant de son oncle, apparut à ses regards étonnés.

Assurément, jamais la tête de Méduse ne produisit mieux son effet; jamais il n'entra plus de dépit, de colère et de mécompte dans l'esprit d'un homme joué, qu'il ne s'en éleva en cette occurence dans celui de Raymond Daclos ; plus tard, nous rapporterons les circonstances de cette rencontre singulière, que souvent la position du crime découle des fautes du crime même.

Reconnaissance.

La veille on pleure, le lendemain on rit.
Proverbe.

XXXI.

Le comte de Vaulaire avait demandé ses chevaux; il voulait sortir, lorsqu'on lui annonça M. Louis Dumar. Il fit un geste d'impatience; cependant il ne se rendit pas invisible, et attendit ce que lui voulait celui-là.

Dumar se présenta avec cet air noble et ouvert, qui commande impérieusement les égards, et, dès l'abord, s'adressant au comte :

— Je suis, monsieur, au désespoir de vous déranger dans vos projets de la matinée ; mais le motif majeur que je viens traiter vous portera à excuser mon apparition intempestive. Un jour que je dînais avec vous chez le marquis de Molène, une question que je vous adressai touchant madame votre fille, qui a porté deux noms, vous déplut. La manifestation de ce mécontentement me ferma la bouche. Je me serais tu encore long-temps ; mais des circonstances impérieuses me contraignent à rompre le silence : vous plairait-il de m'écouter aujourd'hui ?

Le comte, étonné de la solennité de cette allocution, frappé du souvenir de sa fille bienaimée, quoique punie dans un mouvement de mauvaise humeur, et de celui plus récent d'Ombeline que tout lui disait être son propre sang ; le comte, dis-je, répondit à l'interlocuteur qu'il était très disposé à lui donner audience, et en même temps il ordonna à Roger de faire dételer.

— Non, non, reprit Louis ; qu'on laisse les chevaux à votre carrosse ; peut-être en aurez-vous plus de besoin que vous ne pensez.

Puis, partant de ce texte, il raconta positivement, sur l'origine d'Ombeline, tout ce que le lecteur sait déjà ; comment la marquise, fille de M. de Vaulaire, avait épousé en secondes noces le père de lui Raymond ; que de cet hymen était provenue Ombeline ; comment l'auteur de ses jours ayant dilapidé la fortune que sa femme, morte peu après la naissance de la jeune fille, lui avait confié pour elle. Louis acheva en disant aussi quelle avait été son adolescence ; mais que, bien qu'il eût perdu son bien particulier, il avait pris toujours un soin paternel de sa pauvre sœur. Enfin, les actes de mariage, de naissance, la correspondance de la marquise de Nurmain, son second nom, tous les documens, en nombre pouvant établir cette preuve, furent remis à la fois aux mains du comte; et avant qu'il pût parler, Louis ajouta :

— Maintenant, monsieur, ma protection n'est plus suffisante à ma charmante sœur; son âge, sa rare beauté la placent dans une situation pénible, exposée à des insultes journalières : aujourd'hui même un homme est entré chez elle, ainsi qu'il l'eût fait envers une créature abandonnée; il a osé lui adresser d'insolentes propositions; et peut-être aurait-il essayé pis, si une personne tierce ne fût survenue. Il convient donc de retirer Ombeline de son humble position; c'est vous que ce soin regarde; mais si vous persistez à la repousser de votre sein, alors, renonçant pour elle au mariage, je la prendrai chez moi, la mettrai à la tête de ma maison, et la marierai au dépens de toute ma fortune

Le comte de Vaulaire, en homme de cour et d'état, avait écouté cette révélation avec une impassibilité politique; il prit les pièces probantes à mesure qu'on les lui présenta, les examina avec un soin extrême, et bien convaincu de leur authenticité, que d'ailleurs il combinait avec la ressemblance parfaite d'Ombeline avec sa mère, le doute expira dans son cœur; un combat s'y établit à la place; et, après avoir laissé l'orgueil et la haine perorer contre l'amour paternel, celui-ci l'emporta; et le comte, se levant, serra dans ses bras Louis Dumar.

— Vous êtes, dit-il, un digne frère, un homme d'honneur et de probité; il m'est pénible sans doute de me voir si inférieur à vous; mais qu'il m'est doux en même temps de songer que je vous dois ma petite-fille ! Je vous la dois, monsieur, car vous l'avez conservée chaste, pure et digne de vous et de moi.

Croyez, monsieur, que ma reconnaissance n'aura ni de prix ni de bornes, et que si je retrouve une fille dans votre sœur, ce sera un fils que j'adopterai dans son père.

— Ah! monsieur, s'écria Louis charmé de ce qui se passait, ne songez qu'à cette douce et parfaite créature, si bien faite pour être aimée et pour être heureuse.

— Je serais bien coupable, monsieur, si je vous oubliais, et certainement je ne le ferai pas..... Au demeurant, il n'y aura dans ceci qu'un malheureux et je le regrette.... le marquis de Molène, mon neveu, et que j'avais eu la pensée de faire mon héritier; c'est votre ami, vous le connaissez depuis....

— Le collège; là, il était le meilleur des camarades, et en grandissant il n'a pas changé. Je lui dois mon existence, et je veux que vous appreniez à le mieux apprécier. Tout ce que possède je le lui dois.

— A la suite de ce début, Louis Dumar raconta quel service Eusèbe lui avait rendu, il s'attacha à le peindre de couleurs si brillantes, que le comte, de nouveau, regretta de lui enlever une si énorme portion d'héritage.

— Mais, reprit Dumar, n'y a-t-il pas un moyen de la lui conserver?

— Un moyen.... Eh! comment.

— Le don de la main d'Ombeline.

A cette clarté qui luisait inopinément, le comte poussa un cri de joie, son allégresse ne fit que s'accroître lorsque Dumar acheva de révéler tout ce qu'il ignorait.

— En vérité; qui donc êtes-vous? demanda Vaulaire.

— Un fou, un insensé, d'abord; plus tard, j'ai compris ma faute: j'ai lutté contre les hommes; j'ai profité de leurs vues, de leurs faiblesses, et je ne me suis jamais écarté de la stricte probité. Il est plus facile qu'on ne le croit de mener de front la fortune et la loyauté; il ne faut qu'un peu plus de courage.

— Vous me rendez, à la fois, une fille charmante, et vous m'offrez pour elle le seul époux que j'eusse voulu lui donner, vous ne pouvez l'obtenir. Je gage que c'est à vous que je dois la visite qu'elle m'a faite.

— Je ne le nierai pas, si plus jeune elle fût venue, sa timidité aurait travaillé contre elle. Je lui avais enlevé toute frayeur de se montrer à vous; elle ignorait, hier encore, vos rapports sacrés, et quand vous l'accueillîtes avec tant de gratitude elle croyait parler au propriétaire de la maison où elle loge, ne s'imaginant pas que ce serait devant son aïeul respectable qu'elle se présentait.

La conversation continua sur ce texte; le comte déclara qu'il suivrait aveuglément les conseils de Dumar et la direction qu'il lui imprimerait, il fut arrêté que le même jour tous les deux se rendraient chez Ombeline, où la première reconnaissance de la petite-fille et du grand-père aurait lieu; que tout après Ombeline sortirait de son appartement modeste pour aller habiter chez le comte de Vaulaire, que celui-ci ne confierait rien de ce qui se passait à son neveu; mais que, pour le surlendemain, on l'inviterait à un dîner de cérémonie, où le maître de la maison présenterait solennellement la jeune fille au titre de son héritière légitime; mais il laisserait agir l'amour du marquis, sans avoir l'air de le soupçonner.

Tout se passa selon la convention. Ce serait inutile que d'écrire les mouvemens du cœur d'Ombeline à la vue de ce parent si direct, que peindre son trouble, sa joie, son chagrin, lorsqu'elle n'aurait dû qu'être heureuse; mais, dans le premier moment, elle se rappela que son cousin (le marquis) la croyait infidèle, et le bonheur qu'elle goûtait diminua soudain. Loïs reconnut sans peine quel orage s'élevait en elle, il l'a prit à part, la consola.

— Il nous sera facile de prouver à Eusèbe que tu n'as pas cessé de lui être fidèle ; il saura que c'est moi qui, par deux fois, ai excité sa jalousie, avec mon chapeau muler, contre eux. Je me dévoilerai à ses yeux ; je sortirai de cet incognito de bonne fortune, tu retrouveras sa tendresse, et il ne sera tranquille que lorsque nous lui aurons accordé ta main.

Ombeline était raisonnable, elle écouta son frère, elle crut à ce qu'il lui disait, et elle se livra, sans arrière-pensée, à la joie que lui faisait éprouver le changement survenu dans sa position. Son aïeul était prêt à lui voir tant de beautés, de qualités, de grâces ; son vieux valet de chambre, Roger, la regardait semblable à un ange descendu de la voûte des cieux; il s'enorgueillissait d'avoir été le premier à la reconnaître, et il s'écriait que celle-là tarderait peu à donner au comte des héritiers de ses titres et de ses biens.

On donna sur-le-champ à Ombeline plusieurs personnes pour la servir, deux valets de chambre, des laquais, des valets de pied, un équipage particulier; enfin, la tendresse de son aïeul voulut que dans son hôtel elle eût une maison montée et qui lui fût particulière.

Quand Louis Dumar fut rentré chez lui, la fantaisie lui vint de tourmenter Raymond, à qui, avec juste raison, il ne pouvait pardonner sa conduite passée; en conséquence, il lui écrivit ainsi :

« Par une inadvertence, qu'excuse la con-
« duite coupable, envers une jeune personne,
« digne de l'estime de quiconque est ver-
« tueux, vous avez emporté mon chapeau,

« à la place du vôtre, que je vous renvoie.
« Je vous prie en retour, de remettre le mien
« au domestique qui vous portera mon billet,
« et comme je tiens à vous, épargnez des pas
« inutiles. Je vous préviens que la personne
« que vous prétendiez insulter, est désor-
« mais, à jamais à l'abri de vos attaques.

« Adieu, votre cousin et non ami,

Louis DUMAR. »

J'ai laissé à la fin du chapitre trentième, Raymond Daclos dans la pénible, fâcheuse et ridicule position où se trouve toujours un mari lorsqu'il rencontre sa femme, en ce que les Anglais, gens à définition, appellent *criminelle conversation.*

Certes, Raymond eût payé bien cher plus de retenue; mais croyant avoir affaire à l'homme qu'il haïssait le plus au monde, il n'avait pas balancé a consommer un éclat, qui lui assurait sa vengeance. Nous sommes tous ainsi faits. La passion qui nous entraîne, nous rend aveugles, sourds et désespérés ; c'est en extravagant que l'on se précipite dans le scandale, sans se rappeler, que le bruit même, lorsque, soi l'on a raison, nous entache toujours, ou nous blesse en quelques parties.

Le jeune vicomte de Nolbert, brave autant que le mari prétendu outragé, l'était peu, conserva, en apparaissant, un mélange de modestie et de fermeté ; apanage des âmes véritablement nobles. Il salua le mari courroucé, et encore plus humblement la femme coupable, et avec autant de sincérité apparente que d'envie de faire taire un indiscret.

« Eh ! monsieur dit-il, à quoi bon cette scène fâcheuse ? Me serais-je refusé à l'honneur de m'expliquer avec vous ; lors même que vous eussiez employé des formes plus civiles. Le hasard m'a conduit chez madame. J'y oubliais le temps, et un message majeur, que mon oncle, votre ami le marquis de Molène, venait de me confier. Trompé par le bruit que vous avez fait; d'abord, vous prenant pour lui; je cherchai à me dérober à son mécontentement. Madame eut la bonté de m'offrir un asile..... l'ayant accepté..... Pouvais-je en sortir, lorsque votre voix m'a instruit de mon erreur..... J'y restais donc..... J'y serais demeuré tant que madame n'eût pas été seule..... Une jalousie inconnue à la France, et toute italienne m'a forcé dans mon fort, j'en arrive honteux de la méprise, dont je suis la cause, mais prêt, toutefois à vous offrir toutes les satisfactions que vous me demanderez.

Cette explication débitée, dis-je fermement, et à laquelle Daclos s'accrocha en homme qui ne veut pas se battre, charma Nantilde. Se sentant appuyée par le récit de son défenseur, elle retrouve son aplomb, et avec moquerie hautaine.

— En effet, monsieur, dit-elle, a dans les passions, la vivacité d'un Andaloux. Ah ! que je dois être flattée d'une tendresse qui se manifeste par de pareils éclats; cependant je voudrais moins d'amour et plus de retenue; que, sous le prétexte d'une jalousie que rien n'autorise, la paix de mon appartement ne fût pas troublée. Allons, monsieur et cher mari; maintenant que nous sommes assurés d'une tendresse aussi franche, aussi vive, aussi réciproque; ne l'empoisonnons plus par de ridicules éclats.

Elle dit, et tend à Daclos une main qu'il baise avec une soumission apparente; car en France, et parmi un certain monde, le vice n'est rien, le ridicule est tout. On y a même une certaine estime pour les crimes, qui le développent brillamment; on n'a ni pitié, ni indulgence, pour l'être dont l'extravagance appelle sur lui le mépris et la dérision.

Or, un mari qui se dit... ce qu'il est... qui le crie sur les places publiques, est, malgré son bon droit, plutôt honni que regretté.

— Maintenant que la paix est faite, dit Nantilde, je voudrais savoir lequel de vous deux, messieurs, voudra me conduire au bois de Boulogne?

— Ce serait un bonheur que je solliciterais vivement, repondit Raymond, si à la Bourse où l'on retire aujourd'hui le coupon, je ne fusse attendu impérieusement par deux ou trois banquiers, et par autant d'agens de change; mais si monsieur le vicomte de Nolbert est plus heureux que moi, je lui donnerai, au retour, rendez-vous à notre table, où je prends, sans madame, la liberté de s'engager aujourd'hui.

— Eh! monsieur, ne vous en faites faute, vos amis seront toujours les miens surtout lorsque le choix m'en est aussi agréable.

Le bel Anselme était trop galant pour refuser la double partie, il présenta le bras à la jolie prisonnière, s'éloigna avec elle, et Raymond qui avait une finesse subtile dans son conduit auditif, put, peu après, entendre les accens de rire que poussa le couple étourdi en fuyant pendant que lui les salua de son canon de partance, c'est-à-dire qu'il chargea sa chaste moitié d'une épithète que lui-même avait travaillé à lui faire obtenir le premier. La nécessité de briller, la manie, comme on dit, de jeter la poudre aux yeux, entraîne volontairement à un déshonneur complet un époux parisien. Les mœurs du monde actuel sont telles, que certains, et non en minorité, préfèrent le rôle de mari trompé, à la pauvreté, même au sort médiocre. Ont-ils tort? comme aucune qualité ne les recommande, ils ne peuvent faire fortune que par des actes de complaisance. Autrefois on savait être pauvre;

on acceptait la médiocrité parce qu'elle était honorable, aujourd'hui qu'on la méprise et qu'on la repousse, que doivent faire ceux dont l'âme manque d'énergie et d'élévation?

Comme l'on tombe.

Il y a des gens qui, parce qu'ils ont une tache à leur habit,
croient devoir le couvrir d'ordures.

XXXII.

Raymond était dans cette disposition fâcheuse, poursuivi par la honte, le remords, la haine et le besoin de la vengeance, lorsqu'on lui apporta son chapeau et le billet doux de son cousin Louis Dumar, à peine s'il le lut, il le froissa, il allait le déchirer et en jeter les débris au feu, lorsqu'une pensée soudaine l'arrête ; il le met dans son portefeuille afin de s'en faire, dans l'avenir, une arme contre Dumar, soit auprès du marquis, soit auprès du comte.

— Je me vengerai, dit-il ! nous sommes à une époque où l'on est si porté à croire le mal, par la raison que soi, l'on en a tant fait ou on en ferait tant, qu'il est certes bien facile de perdre un homme ; je poursuivrai Dumar jusqu'au jour de sa chute, devrais-je le dénoncer complice de toutes les conspirations que l'on déjoue si facilement.

Il rendit le chapeau de Louis, qu'il accompagna de l'épître suivante :

« C'est donc au phénix que je me suis
« adressé, à la vertu par excellence ? soit ;
« cette chaste beauté est sans tache, elle n'a
« que trois protecteurs, et ne pouvait dé-
« cemment m'accepter pour quatrième, puis-

« que toi, l'une des trois, Dumar en pied était
« en position d'écouter notre conversation,
« ma faute et tout ceci, a été de me présen-
« ter à une mauvaise heure entre toi qui me
« précédais, et Eusèbe qui venait faire son
« service. Est-ce à frais communs avec le
« marquis que vous me l'avez soustraite ? pre-
« nez-y garde, un plus puissant que vous
« deux, pourra le trouver mauvais.

« Êtes-vous mon parent ; je ne m'en sou-
« viens plus, quant à cette amitié que vous
« rompez, je vous avais devancé dans le sa-
« crifice ; cependant pour ne pas amuser le
« monde à nos dépends, si vous m'en croyez
« nous en conserverons des apparences, c'est
« une mesure d'intérêt ; un serrement de
« main en public ne détruit pas la haine ca-
« chée, adieu. »

Raymond inquiet néanmoins de ce que la jeune fille pourrait dire au comte de Vaulaire, chercha dans des plaisirs communs à se distraire des chagrins qui pesaient sur lui, la main qu'il mit machinalement dans la poche de son gilet, toucha une carte qu'elle renfermait ; il chercha le nom par curiosité pure, il y trouva celui de la charmante Réville, cette noble veuve de tant de capitaines de vaisseaux, toujours en service étranger, et qu'il avait vu chez la prétendue baronne Joséphine de Saint-Montalban.

« Allons la voir, dit-il, elle est belle, elle est sensible..... Pourquoi ne serait-elle pas vertueuse?.... La sagesse ne peut-elle pas se trouver dans ce qu'on appelle le vice, puisqu'on ne le rencontre plus là où naturellement elle devrait se placer?

La manie des hommes, et des moins estimables, est de souhaiter dans autrui les qualités qu'ils ne possèdent point ; le plus déhonté veut que l'objet de sa passion soit digne de son e time ; il ne peut même , au sein du désordre, comprendre l'amour que sans tache et pur ; il se fait illusion là-dessus , il s'aveugle , et dans son rêve volontaire finit par croire avoir rencontré cette perfectibilité qu'il cherchera long-temps. Aveu positif du charme de l'innocence, hommage que le vice, malgré soi, rend à la vertu.

Raymond ayant appelé son grison, fit atteler le cabriolet, et il partit plein d'impatience d'arriver auprès de la charmante veuve, à laquelle la circonstance portait encore plus de charme.

Madame de Réville était au logis ; une manière de femme de chambre, remplissant le triple office de cuisinière et de dame de compagnie, vint ouvrir. Daclos entra sur sa réponse affirmative, et aperçut dans la première salle madame Grimald, la mère de la divinité du lieu, elle venait de confectionner des compotes de poires, elle allait préparer de la limonade, et en attendant les ingrédiens, elle nettoyait les quinquets et les chandeliers.

Sa joie fut extrême à la vue de Raymond, madame Réville cessant de faire attention aux paroles romantiques d'un clerc de notaire jeune barbe de bouc, aussi beau garçon qu'ignorant praticien, et d'un commis voyageur qui dépensait une quantité de paroles verbeuses, se leva, et avec ce manque d'usage bien commun chez les veuves des capitaines de vaisseaux étrangers, alla chercher elle-même une bergère, la moins usée des deux, et contraignit Raymond à s'y installer.

Les deux soupirans vulgaires ne doutèrent pas, au peu d'égards qu'on leur témoignait, que ce ne fût un seigneur du jour, un matador de la finance : aussi comprirent-ils le rôle de madame Réville. De mieux élevés auraient pris congé, mais eux restèrent; le premier, dans l'espoir de *faire le matador pour son patron*, le second, se flattant de pouvoir en être commissionné pour quelque chose. Nous sommes à une époque où l'intérêt matériel, en étouffant l'amour, rend tout égal, et où l'avidité rapproche les distances.

Madame Réville se rappelant le pacte conclu entre madame Bouchard, dite Joséphine, dite la baronne de Saint-Montalban, dite madame Daclos, etc., mit en jeu toute l'artillerie de sa coquetterie séduisante : elle parut douce et naïve, tendre et passionnée, folle et vertueuse, finissant par être chaste et débauchée. Elle prodiguait des paroles bienveillantes à Raymond, tandis qu'en arrière de lui un regard consolait le notaire en herbe, et qu'un souris conservait l'espoir au négociant en expectative.

Madame Grimald, voulant battre le fer

pendant qu'il était chaud (j'emploie son expression triviale), entra tenant un règlement de compte, et dit à sa fille que le marchand fournisseur d'épiceries demandait cinq cents francs... Un embarras joué stimula Raymond qui, sortant un billet de mille francs, dit à la vieille matrone :

« Vous me rappelez, madame, qu'en venant ici, mon intention était de m'acquitter envers madame de Réville de la dette contractée envers elle à la soirée de la baronne, notre commune amie : je perdis avec un vrai guignon, et votre charmante fille eut en moi assez de confiance pour me faire un honorable crédit. »

Cette forme galante de venir au secours de la beauté malheureuse et persécutée acquit de la reconnaissance, pour un si beau procédé, au cœur de la charmante veuve. Elle offrit à Raymond de dîner avec elle, à condition qu'elle le mènerait le soir à l'Opéra, car c'était son tour de loge.

A cette offre, faite sentimentalement, le clerc de notaire et le commis voyageur comprirent que pour le moment il fallait céder la place, et battre en retraite. Chacun partit isolément. La dame encore, contre l'usage, les accompagna jusque dans l'antichambre : là, elle donna rendez-vous, à l'un, au Palais-Royal, pour le lendemain à une heure ; et au second, à quatre heures, sur le boulevart de la Madelaine. Cette classe de personnes aux aventures ne peut renoncer à tout ce qui sent l'intrigue, et Raymond put croire à la vertu d'une créature qui comptait déjà trois amans.

Madame Réville était gracieuse ; elle jouait de la harpe avec assez de goût pour accompagner sa voix réellement douce et agréable, quoique voilée. Elle tenait à conquérir Raymond, et en attendant le dîner, et sous prétexte de le distraire, elle lui proposa de faire un peu de musique. Raymond, antipathique à ce bel art comme tous ceux de sa caste, jura qu'il adorait la mélodie, mais que ses parens s'étaient toujours opposés à ses goûts *dilettanti*.

« La musique pourtant, dit la veuve en poussant un soupir, est le délassement de l'âme et la nourriture de la douleur ; je souffre moins, que je joue ou que je chante.

« —Eh bien ! répliqua Raymond, j'ai tant de chagrins que je vous prierais de les dissiper. Voilà une harpe, et sans doute qu'elle résonne parfois sous vos doigts. »

Sur la réponse affirmative, Raymond se hâtant d'offrir la main à l'enchanteresse, la conduisit par violence où elle brûlait d'aller. Des accords d'écoliers furent d'abord tirés de l'instrument sonore, et puis, avec moins de science que de bonne volonté, elle chanta la romance suivante :

LE RÉVEIL.

ROMANCE.

Illusions, vous que j'ai tant chéries,
Vous me quittez pour ne plus revenir,
De mes beaux ans charmantes rêveries,
S'en est donc fait, je n'ai plus d'avenir.
Ah! je croyais, insensé, que la vie,
Comme un ruisseau qui fuit parmi des fleurs,
S'écoulerait pour mon âme ravie
Sans rencontrer ni souci, ni douleurs.

Je me fiais à ma folle espérance,
Je me flattais de maîtriser le sort.
Dans la jeunesse on a tant d'assurance,
On croit régner dans les cieux d'où l'on sort.
Las, cette erreur bientôt nous est ravie,
Quand l'éclair luit, la foudre part soudain,
De longs regrets notre ivresse est suivie,
Et le temps fuit, riant avec dédain.

J'ai vu s'éteindre en de courtes journées
Ces feux ardens immortels, disait-on;
J'ai vu tomber tant de roses fanées,
Et se flétrir plus d'un jeune bouton.
A chaque instant perdant une chimère,
Je m'effrayais de la réalité.
Froide sagesse, expérience amère,
Combien de pleurs vos leçons m'ont coûté.

Oui, désormais, voulant, n'osant me taire,
Et sans plaisirs, car je n'ai plus d'erreur,
Je reste seul, étonné, solitaire,
Toujours battu par l'orage en fureur.
Mes passions grondent dans la tempête,
Mon cœur s'enflamme et mon front est glacé,
Et tristement à l'écho je répète :
Adieu l'amour quand son temps est passé.

Cette romance mélancolique, chantée avec une prétention infinie, reçut d'autant plus d'éloges que Raymond n'y avait rien compris; mais il en retint la croyance que la charmante veuve était une virtuose de première classe, et il s'y attacha d'autant plus.

Le reste de la soirée les maintint dans la même ivresse, et lorsqu'au retour de l'Opéra, un refus formel lui eût été fait de lui permettre de monter, il admira tant de vertus et dès lors abandonnant ses autres intrigues, il se livra en entier à l'amour que sut lui inspirer une coquette adroite, d'autant plus dangereuse que, sous une apparence de désintéressement, elle cachait une avidité insatiable, la fortune de Raymond s'en ressentit, les sommes énormes qu'il donnait à cette créature le mettant à découvert ; il dut se livrer à des spéculations hasardeuses, à des jeux de banque et de bourse, qui perdent presque toujours les insensés qui se flattent de récupérer par là ce que leur prodigalité extravagante leur a ravi.

Nantilde charmée de plaire au vicomte de Nolvert et de faire montre d'une aussi brillante conquête, mettait de l'orgueil à bien faire voir qu'il était à elle; ils couraient tête-à-tête à cheval, en voiture, *in fiocchi*, incognito, le Rannelagh, le Wauxhall, le bois de Boulogne, les boulevarts, les Tuileries, à l'Opéra, aux Bouffons. On les rencontrait toujours ensemble. Ce qui produisit le plus d'effet, c'est que quatre ou cinq provinciaux assurèrent sous serment, les avoir vus et salués le même soir dans le désert du Théâtre-Français, où ! pour le coup la liaison resta prononcée et le scandale public.

— Madame, dit le comte de Vaulaire à la fille de M. Marsail, je vous croyais très retirée quand j'envoie savoir si vous êtes visible, si je peux espérer de vous conduire à l'un des spectacles avoués par la bonne compagnie et où il me serait si agréable de me montrer avec vous ; une réponse à peu près constante me désole, en vous disant souffrante, au point même de ne pas pouvoir admettre vos amis, je m'en afflige, je reste chez moi, et j'apprends que l'on vous a vue dans une salle autre que celle où je vous aurais amenée. On ajoute enfin qu'un chevalier toujours le même vous accompagne et vous rend en public les hommages que mon attachement sincère et délicat ne vous adresse qu'en particulier.

— Oh ! monsieur le comte, déjà des soupçons, de la méfiance, et de la jalousie, je me suis soustraite à mon devoir, à l'amour légitime de mon époux, et des persécutions cruelles en sont la récompense, croyez-vous la malignité, force gens ont intérêt de nous désunir, ne les écoutez pas, ne me faites pas l'affront de mettre plus de confiance en une voix étrangère que dans la mienne.

— Soit, madame, mais, cet élégant seigneur, cet adolescent de bonne mine, ce neveu enfin du marquis de Molène.

— Eh bien! monsieur, en avez-vous ombrage, un enfant sans malice et rempli de gaîté..... dix-huit ans..... pas davantage, son oncle est ami de mon mari, il m'a prié de servir de guide au vicomte de Nolvert de lui tenir lieu de mère ; j'ai cru pouvoir obliger le marquis, j'ai accepté la tutelle mondaine d'un damoisel naissant, gai, léger, étourdi, sans idée du vice et selon vous, ce sera Lovelace second.

Le comte étonné de ce genre de défense,

crédule comme le sont les vieillards au milieu de leur défiance, balançait entre les rapports de ses amis et les dénégations de la reine de ses pensées. D'ailleurs, en ce moment, un incident merveilleux l'occupait outre mesure, les démarches habiles, la tactique supérieure de Louis Dumar avaient réussi, et le comte heureux, charmé de se voir revivre dans une petite-fille aussi parfaite qu'Ombeline passait avec celle-ci la plupart des soirées.

Il tenait à ce que cette belle personne, reconnue de tous ses parens, leur fût présentée individuellement en attendant le jour solennel, où il convoquerait chez lui tous ses amis et toute sa famille, pour la proclamer devant eux son héritière universelle. Le premier auquel il eût voulu faire part de son bonheur, eût été le marquis de Molène, mais celui-ci sans prendre congé de personne, avait soudainement quitté Paris, sous le prétexte d'aller

Prague, c'était l'époque où tous les riches royalistes se rendaient dans cette ville, qui renfermait, selon moi, *la fortune de la France*.

Le départ du marquis fut si rapide, si hâté, que Louis Dumar son commensal n'en fut instruit que par une lettre qu'il trouva en rentrant chez lui, le soir de la scène comique et pénible, où, de nouveau, des chapeaux malencontreux jouèrent le rôle de la discorde. Eusèbe, au retour de chez Ombeline, avait annoncé à sa maison son projet de voyage, conservé tous ses domestiques et ne prenant avec lui qu'un seul valet, il s'était lancé sur la route de l'Allemagne, muni du passeport que la prudente précaution lui faisait prendre tous les ans, Louis reçut un billet conçu en ces termes :

« Louis, je connais ma faiblesse ma lâ-
« cheté... mon malheur est certain... je me suis

« attaché à la plus artificieuse maîtresse, à
« une coquette fourbe, achevée, et sous une
« figure d'innocence, déguisant une perver-
« sité qui ne m'a que trop séduit... mon ami,
« plainds-moi, je la chéris encore ; si je la
« voyais, au lieu d'attendre ma grâce, j'irais la
« lui demander.... quand on se connaît si bien,
« la prudence exige que l'on fuie, ainsi fais -
« je... j'espère aussi bien m'en trouver..... tu
« m'approuveras, car tu as pour moi une
« tendresse réelle... que j'aurais été heureux
« entre elle et toi, que tu l'aurais appréciée,
« c'était un ange en tous points, mais un ange
« de ténèbres par sa malice, et non de lumière.
« Sa perversité à me jouer, m'a prouvé com-
« bien elle est habile dans le vice. L'erreur
« d'un misérable, m'a tout appris (*Ici le marquis racontait à son ami la scène détaillée
dans le chapitre XXV, et que je supprime,
puis il ajoutait :*) « cet incident m'a sauvé,

« j'y ai vu la turpitude, la coquette et me suis
« retiré à propos; que le vice est dangereux
« quand il revêt une aussi belle forme ! Com-
« ment ne pas céder et tomber dans les pièges
« qu'il nous tend, lorsque le tentateur unit
« en apparence les vertus de l'âme aux char-
« mes accomplis du corps.

« Je vais me consoler auprès d'augustes
« infortunés, leur apporter le triple hommage
« dû aux vertus, au courage et à la grandeur
« du sang, à Prague, je ne croirais pas avoir
« le droit d'être malheureux. J'avais besoin
« de me montrer au roi Charles X. Je tiens à
« m'assurer par moi-même sur laquelle de ces
« trois respectables têtes repose maintenant
« la royauté titulaire de France. Je suis per-
« suadé que tu me querelleras, tu me voudrais
« tranquille et recevant de sang-froid les ou-
« trages d'une jeune fille malicieuse autant
« qu'elle est belle, tu me ramènerais à elle

« ainsi que déjà tu l'as fait. Une autre fois
« instruit par mon expérience, j'ai tenu la
« conduite si bien conseillée dans ces deux
« beaux vers de la *Coquette corrigée*.

Le bruit est pour le fat, la plainte pour le sot,
L'honnête homme trompé s'éloigne et ne dit mot.

« Adieu, ton ami,
« Eusèbe. »

Lorsque Louis Dumar consolait sa sœur, lorsqu'il la plaisantait au sujet de la colère qu'il venait de manifester à la preuve prétendue, acquise de son indépendance, c'est qu'il ne prévoyait pas cette détermination intempestive et cette fuite encore plus subite. Quand il rentra à leur hôtel commun, quand il demanda de ses nouvelles et qu'il pria qu'on l'engageât à descendre, il reçut un coup cruel à la réponse négative et au billet ci-dessus rapporté.

Cependant ce qui la consolait fut la preuve,

contradictoire bien acquise que le marquis, assuré de sa haute amitié, ne lui enlèverait pas la sienne; par conséquent, le champ lui restait libre de plaider la cause de la jeune comtesse de Rumain, ce fut sous ce nom que M. de Vaulaire présenta sa petite-fille à ses nombreux amis, une lettre de faire part arriva à l'adresse d'Eusèbe, elle eut pu lui découvrir ce qui se passait; en conséquence, Dumar, ne prenant conseil que de son attachement supprima la funeste lettre, lui en expédia une dans laquelle le comte de Vaulaire lui annonçait l'heureux évènement qui le mettait en présence d'une fille chérie que depuis longtemps il croyait perdue, il l'engageait à ne pas manquer la fête solennelle de la reconnaissance publique de cette chère enfant, etc.

Louis, puis à son tour, prenant une plume, essaya d'élever d'autres sentimens au cœur de son ami, et, par conséquent, plus en rapport avec l'état actuel de sa tendresse.

Paris, ce. . . .

« Non, mon cher ami, non, je ne peux
« comprendre ta fuite si prompte, ta détermi-
« nation si cruelle pour tes amis. Ta maîtresse
« t'est infidèle. Est-ce sûr? Qui te le dit? per-
« sonne; qui le prouve? Tu ne saurais répondre
« mieux à cette question... si... pourtant, il y
« a de la perfidie, un témoin irrécusable....
« un chapeau... Quoi! un chapeau?... Oui,
« un chapeau de loutre, de castor, en soie,
« qu'importe la matière?... Il appartenait à
« un homme! à un inconnu, cela me suffisait...
« A toi, Eusèbe, à toi, soit... à moi, non....
« non. Je ne l'eusse pas admis comme dépo-
« sant sans réplique...

« Une fois déjà, tu avais élevé une querelle
« sur le même objet, tu l'avais pardonné; ceci
« ne devait plus être mis en jeu. Rappelle-
« toi bien le fait, et en allant contre, tu as
« manqué à cette délicatesse à laquelle ceux

« de ton rang ne doivent jamais faire faute.
« Je gage que l'explication que tu eusses de-
« mandée avec un droit acquis t'aurait été ac-
« cordée franchement, et tournée de façon à
« te faire rougir de ton abominable jalousie.

« Je ne sais, mais il me semble qu'à cette
« femme est attaché, de toute éternité, le bon-
« heur futur de ton existence. Réfléchis à ceci
« résous-toi; je consens à faire les démarches
« qui te conviendront pour t'assurer un cœur
« digne du tien. Je ne t'en dirai pas davan-
« tage ; mais réfléchis bien, et songe qu'il ne
« faut pas livrer à une seule apparence le re-
« pos de ta vie.

« Le comte de Vaulaire est plus heureux
« que toi ; et bien que ce qui fait sa joie légi-
« time te ravisse à perpétuité sa brillante for-
« tune, ton cœur est trop bien placé pour ne
« pas l'en féliciter sincèrement. Sa fille uni-
« que avait épousé en premières noces un

« homme de grand nom ; elle ne donna pas de
« fruit à cet hymen, à la suite duquel le mari
« vécut peu de temps, et mourut point regretté
« par sa femme.

« Une passion pour un superbe cavalier
» égara la fille du comte de Vaulaire qui re-
« fusa son approbation à ce nouveau mariage
« bien cimenté par tout ce qui peut le rendre
« solide et respectable. Cette fois, madame
« de... n'eut pas à s'applaudir de sa passion.
« Le nouvel époux avait tout ce qui rend
« infortuné ce qui les environne. Sa seconde
« femme, car lui aussi s'était lié primitive-
« ment à une personne sage, belle, aimable,
« la pauvre créature, accablée de mauvais
« procédés, était morte de bonne heure. Ce
« fut le sort fatal de la fille du comte de Vau-
« laire : elle expira brouillée avec son père,
« qui refusa de la voir, qui ne lui envoya
« même pas sa bénédiction au moment der-
« nier.

« L'orpheline née de ce mariage, comme
« il était né un fils du premier hymen de son
« père, eut pour protecteur unique ce frère
« qui, bien jeune néanmoins, remplit avec
« honneur cette charge pénible que l'auteur
« de ses jours ne lui envia pas, et dont il fut
« dispensé par un coup d'épée qui, dans une
« partie de débauche, le laissa sur le car-
« reau.

« Ce couple intéressant vécut à l'écart. Le
« jeune tuteur ne fut pas toujours raisonna-
« ble : il s'égara aux exemples de son père,
« mais enfin il revint à lui. Touché du sort de
« sa sœur, il rentra dans une meilleure voie,
« recouvra du bien, sonda sa sœur, et enfin
« manœuvra d'une façon si habile qu'il vient
« de contraindre le comte de Vaulaire à re-
« connaître pour fille unique cette jeune et
« intéressante personne.

« Un pareil évènement fait la nouvelle de

« Paris; on ne parle pas d'autre chose, soit
« dans les deux faubourgs, soit ailleurs. La
« jeune comtesse est charmante : des concur-
« rens à sa main ne manquent pas, comme tu
« le présumes ; on ne tardera point à faire à
« ce sujet des propositions *ad hoc*. Cela me
« semble naturel; et toi, que te semble un
« pareil moyen de te dédommager de ces ma-
« gnifiques domaines qui te seraient revenus,
« et que la venue de cette jeune personne
« t'enlève en paraissant, et sans néanmoins
« que tu puisses te plaindre raisonnable-
« ment?

« Déjà le désir m'a pris de me donner pour
« ton chargé d'affaires; de te proposer au comte
« de Vaulaire pour l'époux de sa petite fille.
« Mon amitié a reculé au moment de faire
« cette demande; j'ai craint de n'être pas avoué
« de toi, et que tu ne fusses assez insensé
« pour préférer une infidèle coquette et

« sans nom à une jeune personne sage, belle,
« parfaite. Les hommes sont si bizarres? Voici
« le bilan réciproque de ces deux rivales en
« mesure de se disputer ta main, et ton cœur
« avec; car, comme tu es honnête homme,
« l'un n'ira jamais sans l'autre.

« Ta grisette Ombeline est jolie, très jolie,
« spirituelle, gracieuse; elle peint assez pro-
« prement, fait des reprises avec soin et déli-
« catesse de main; elle chante à ravir, doit
« danser aussi bien : mais quelle est son ori-
« gine? quels sont ses parens? Sa fortune est
« nulle, et, qui pis est, c'est une coureuse,
« une coquette fort légère, très inconsidérée,
« qui ne se fait faute de prendre çà et là d'au-
« tres amans. Tu as vu deux fois chez elle un
« chapeau d'homme; tu n'es pas sûr que ce
« soit le même : s'ils sont deux, alors qui est-
« elle? S'il n'y en a qu'un, celui-là restera le
« préféré pendant toute la vie. A ta place,

« j'aurais honte, dégoût et humiliation d'un
« semblable mariage.

« La jeune comtesse de Vaulaire est belle,
« sa tournure est celle d'une déesse ; tous ses
« mouvemens ont un charme qui entraîne ;
« elle possède en perfection, et sans en par-
« ler, tous les arts dont d'autres font tant de
« fracas. Elevée dans la nécessité, elle est
« simple, modeste, pieuse : *son mari sera le*
« *premier homme qui lui aura parlé d'a-*
« *mour, le seul ayant des droits à sa ten-*
« *dresse.* Je te conseille de réfléchir à cela ;
« songe, en outre, qu'aucun mangeur de
« cœurs n'a troublé le sien, qu'elle est pure
« de toute intrigue, que le seul chapeau qu'on
« a pu apercevoir chez elle était celui de son
« frère.

« Ces rapports, ces dissemblances valent
« bien la peine qu'on les examine, qu'on les
« balance. Je te parle de ceci, parce que je

« suis convaincu d'un point, celui qu'on ne
« mariera mademoiselle de Vaulaire hors de
« sa famille qu'à ton refus..... Entends-tu ce
« que cela veut dire? Pèse ta réponse, ou plu-
« tôt rapporte-la toi-même.

« Le voyage sentimental que tu fais t'ho-
« nore sans doute : il lui faut un terme; pro-
« longe-le, si tu veux t'établir hors de ta pa-
« trie; mais, si ton intention est de revenir
« parmi nous, hâte-toi de repasser la fron-
« tière. Je respecte d'illustres infortunes,
« mais tu connais mon opinion : elle consiste
« à ne point en avoir; je ne songe qu'à la
« France, et crains constamment ce qui la
« ramènerait vers la guerre civile. La seule
« union des hommes monarchiques empê-
« chera le succès des républicains : nos divi-
« sions leur assureront la victoire.

« Pèse encore ceci; crois surtout à mon
« amitié.

« J'allais finir, lorsqu'un nouveau motif se
« présente au bout de ma plume pour t'en-
« gager à revenir, ton neveu le superbe An-
« selme de Nolvert abuse de sa position, et
« comme a dit une femme célèbre (madame
« de Sévigné), son âge lui fait du bruit. Il
« s'est associé, au grand scandale de ses grands
« parens, avec madame Raymond Daclos la
« jolie Nantilde Marsail; on les voit ensemble
« partout ; c'est une affaire arrangée.

« Quant au mari, c'est pire; il avait, dans
« sa jeunesse, fait une mauvaise connais-
« sance. Pris au piège et pour se débarrasser
« peut-être d'une vraie intrigante, il imagina
« de l'épouser publiquement en Angleterre.
« Le mariage est nul dans les deux royau-
« mes ; cependant, cette équipée qui com-
« mence à être connue, lui a nui en France,
« il le rend peu honorable. Lorsque le mé-
« pris s'attache à un homme, il le perd, c'est

« la gangrène morale des réputations ; au-
« cune de celles qu'il atteint n'en réchappe.
« La famille Marsail jette feu et flamme.
« Nantilde n'en a que plus de dégoût pour
« son seigneur et maître, elle ne peut souf-
« frir les gens de gouvernement qui sont en
« rapport avec lui, à cause de sa place com-
« mencent à parler de son immoralité. Ils ont
« d'autant plus de raisons, que chacun d'eux
« vit en adultère. N'importe, je vois là de-
« dans sa chute, si le comte de Vaulaire se
» brouille avec sa femme.

« Il me revient d'une autre part, que lui,
« pour s'étourdir, a pris deux maîtres-
« ses; son ancienne femme, et une ma-
« dame Réville qui, chaque année est nou-
« vellement veuve d'un capitaine de vaisseau
« en service étranger. Là, dit-on, il dépense
« des sommes énormes; on craint qu'il ne
« dérange ses affaires; fut-il millionnaire,

« d'ailleurs, la chose arrivera ; pourvu que
« la confiance en lui cesse, on lui retirera
« les fonds placés dans son établissement.
« Voyez Jacques Lafitte, sa perte vient du
« trait qu'on opéra sur lui.

« Certes, si cela arrive, je serai vengé et
« trop ; je ne voudrais pas à ce prix, la sa-
« tisfaction de ma haine... Mais, mon Dieu !
« quelle longue épître, il faut la terminer,
« non que la matière manque, j'ai encore, si
« je veux, la politique... Tranquillisez-vous,
» je ne l'entamerai point ; j'en suis las et dé-
« goûté.

« Adieu, encore une fois, j'achève ; re-
« viens, reviens, tu te punis toi-même en re-
« culant l'époque de ton bonheur. Adieu.

Louis Dumar. »

Un des mille loups-cerviers du jour.

Les progrès de la philosophie ont amené un singulier résultat ; on a détruit tous les cultes, détrôné tous les dieux, et cela pour leur substituer l'adoration d'une pièce de cinq francs.

Notre religion est matérielle ; les Banquiers, les Avoués, les Négocians, les Avocats, etc., sont des prêtres du temple, et l'idole est un sac d'argent.
Recueil de Maximes.

XXXIII.

Plus le comte de Vaulaire voyait familièrement et dans l'intimité le frère de sa petite-fille, plus il s'attachait à lui sincèrement. Il pouvait apprécier son mérite, sa capacité brillante. Il lui vouait encore de la reconnaissance à cause de sa conduite avec Ombeline. Aussi parlait-il de lui avec enthousiasme. Son crédit, d'une autre part, croissait au Château; ses gens d'affaires s'en apercevaient; et un jour le directeur-général Noël lui dit :

— Mais, monsieur le comte, puisque vous portez un si vif intérêt à monsieur Dumar, pourquoi ne demanderiez-vous pas qu'on me le donne pour aide? Je serais charmé de l'avoir sous-directeur dans ma partie. C'est un homme à son aise, travailleur, célibataire; on le marierait avantageusement si vous obteniez pour lui cette place, où il n'y a rien à faire, ce qui nécessiterait de la rétribuer grassement, afin d'en relever l'importance.

Le comte fut embarrassé de cette proposition... Le matin même, Nantilde, qui le cajolat à propos, avait tiré de lui la promesse de porter Raymond Daclos à cette sous-direction. L'ouverture qui maintenant lui était faite l'embarrassait; il concevait combien, s'il eût songé à Dumar, il eût récompensé sa tutelle généreuse ; il ne se dissimulait pas d'ailleurs que celui-là serait un jour bien plus capable de remplacer M. Noël que ne le serait l'intriguant et sans génie Daclos. Il éluda donc dans le moment, et tout ce qu'il décida, fut qu'il viendrait pour demander au directeur la présentation de Raymond. Il ne lui en dit mot, se contentant de la remercier au nom d'Ombeline, ajoutant qu'il n'abandonnait pas cette idée, que plus tard il reviendrait en causer avec lui.

Quand il rentra à son hôtel, il trouva Louis en conversation réglée avec sa sœur. Celle-ci, mélancolique et pensive, n'avait pas manifesté la joie qu'elle aurait dû avoir de son heureuse fortune ; on eût pu croire qu'anéantie par la grandeur du changement, elle n'avait pu encore s'en relever et reprendre une meilleure assiette dans son esprit.

Le départ précipité de son amant avait brisé son âme; elle ne voyait que le courroux d'Eusèbe; et chaque jour, en y rêvant davantage, de sombres nuages s'amoncelaient sur son cœur. Elle demeurait insensible à la magnificence des meubles, à l'élégance des parures, à la richesse des bijoux, à l'éclat radieux des diamans. La tendresse même que son aïeul lui témoignait restait indifférente à son âme, et les cajoleries de ses parens nouveaux et des amis de la maison la rencontraient indifférente; son frère seul parvenait à la ramener à quelque chose de plus doux : c'était uniquement parce qu'elle pouvait pleurer avec lui et parler d'Eusèbe.

Ce jour-là comme Dumar entrait dans l'hôtel Vaulaire, il rencontra sous le vestibule Foursival qui, ayant demandé le comte, le retenait sur la réponse négative qui lui avait été faite.

— Eh parbleu! M. *de* Dumar, dit l'agent universel, je vous joins à propos pour me plaindre à vous de votre oubli de mon zèle et de mon amitié dans une circonstance; ah! oui, bien intéressante.

— J'ignore, répondit Louis, ce que me vaut cette querelle.

— Quoi! vous cédez votre sœur à son aïeul, vous mettez une héritière inattendue dans une grande maison, vous en avez été le tuteur, vous avez a répéter, sans doute, la nourriture, l'éducation, les meubles, les parures; des prétentions à établir, des comptes à régler et vous ne m'appelez pas.

— Mais à quoi bon, je vous prie! je ne demande rien à ma sœur, elle ne répète rien sur la succession paternelle, son aïeul en la reconnaissant, l'investit de tous ses droits, lui concède même ce qu'elle n'avait à prétendre, en quoi donc nous auriez-vous servi?

— Eh bien! M. *de* Dumar, je vous croyais plus habile en affaires; à votre place ou si vous m'aviez accordé votre confiance, nous eussions exigé de la demoiselle de Nurmain une signature en reconnaissance de fortes sommes à votre profit; nous eussions fait acte au comte, et prêté au besoin, pour avoir à nous restituer l'héritage de sa femme recueilli par lui à notre déciment, nous eussions par transaction obtenu de lui une bonne partie de son avoir, ce qui eût mis du foin dans nos bottes.

— J'en suis persuadé, monsieur, répliqua Louis en riant, vous eussiez brouillé la sœur et le frère, la fille et l'aïeul, mis le feu dans ces successions; bouleversé un vaste héritage, exaspéré un vieillard, répandu sur votre cliente un vernis d'avidité et d'avarice non lente qui l'eût flétrie à son debut dans le monde; mais en revanche ces frais d'huissiers, d'avoués, d'avocats, de notaires;

en demandes, requêtes, assignations, exploits, inventaires, jugemens, transaction, arbitrage, accommodement, reprise d'instances, arrêts rendus par défaut, prêts d'argent par vos hommes, avaient, en définitive, depouillé le comte de Vaulaire, mademoiselle de Nurmain, et votre serviteur de trois ou quatre cent mille francs que vous eussiez partagés gaillardement entre cinq ou six de votre association vampirique et satanique, n'est-ce pas là, s'il vous plaît, la vérité ?

— Vous êtes un compère, reprit Foursival; vous voyez de loin et clair... Mon cher monsieur Dumar, il faut, au reste, que chacun vive; voulez-vous me charger de cette affaire, vous aurez un dividende d'un tiers net ?

— Mon cher monsieur, riposta Dumar, attendu que je ne suis ni fou ni enragé, permettez-moi de refuser cette offre extravagante.

— J'en suis fâché... Nous comptions sur

vous... mais puisque vous ne tenez ni à vos droits, ni à ceux de votre sœur, pupille intéressante, nous ne pourrons, par principe de bienséance, de bonnes mœurs, surtout par respect pour une grande famille, nous empêcher d'aller vers M. de Vaulaire, afin de lui ouvrir les yeux, de lui montrer le péril de sa position, de le prémunir contre les prétentions visiblement exagérées de mademoiselle de Nurmain ; vous sentez qu'en présence d'une aussi belle affaire, nous ne pouvons rester les bras croisés. On se doit à la société, à l'ordre public, à la morale.

— Soit ! monsieur et compagnie, tentez l'aïeul, il fera comme moi.

— Dans ce cas, il donnera un très mauvais exemple... Croyez-moi tous les deux, ne faites qu'un inventaire ; envoyez-vous réciproquement un seul acte, rien qu'un pauvre petit acte. Le combat entamé, vous y prendrez goût : le reste ira de soi-même.

— *Vade retrò Satanas*, s'écria Dumar enfin par trop impatienté ; M. Foursival, je n'ai plus qu'un mot à vous dire, c'est que, vous déclarant mon ennemi, je vous prie de mettre fin chez moi aux visites dont vous m'honoriez...

— Eh ! mais, doit-on ainsi prendre la mouche ! Ne peut-on s'entre-plaider réciproquement et s'aimer de cœur?...

Il pérorait en vain : le jeune industriel l'ayant quitté montait rapidement l'escalier, s'effrayant lui-même de cette rapacité épouvantable devenue systématique et organisée géométriquement.

Non, cette scène n'avait rien d'exagéré ; tout y était simple et ordinaire : c'est la mesure actuelle, la règle suivie, c'est le perfectionnement de la civilisation.

Louis, en entrant chez sa sœur, l'aurait régalée du récit de cette conversation si piquante ; il n'y songea plus en voyant Ombeline pâle, souffrante et tout en larmes.

— Qu'est-ce ? dit-il. Pourquoi te désespérer ? Qu'attends-tu de si funeste dans ton avenir ? celui que tu pleures, tu vas le voir revenir. N'est-il pas facile de lui prouver ton innocence ? Que dira-t-il, lorsque je me nommerai comme étant l'objet secret de sa jalousie ? il tombera à tes pieds.

— Il est parti, il peut en aimer une autre. C'était là le refrain de la jeune fille que rien ne consolait en l'absence de son amant; elle entendit du bruit et tâcha de sécher ses larmes: c'était son aïeul qui revenait.

Le comte de Vaulaire semblait revivre dans sa petite-fille ; il l'adorait, et chaque jour la comblait de présens et de marques de sa tendresse. Ombeline s'attachait à lui par la reconnaissance, et à son tour cherchait à le lui prouver. Le vieux Roger, factotum du comte, homme de l'ancien temps, était le plus heureux peut-être ; il ne lui manquait plus que d'assister au mariage de mademoiselle de Nurmain.

Dumar régala le pair de France de la manie d'affaires qui dévorait Foursival ; elle lui parut moins plaisante que hideuse : aussi se promit-il de la punir sévèrement, s'il ne craignait pas de l'étaler devant lui.

— Voilà, dit-il, où a conduit pourtant cette soif de l'or, ce besoin d'en gagner, *per fas et nefas*. Combien de négocians ont des comptes ouverts chez des huissiers, pour partager avec ceux-ci les frais de procédure dont, pour un billet de cent francs, ils accablent des débiteurs solvables ; ils prennent intérêt à ruiner les gens peu aisés, parce que le suppôt de Thémis leur paye au dividende. Je connais de riches escompteurs à qui des huissiers font de fortes pensions, pour avoir seulement le droit de poursuivre en leur nom les billets à ordre ou lettres de change que les tireurs et les endosseurs laissent protester. Si, sur un effet de *cent francs*, il y a douze signatures, comme cela arrive souvent, M. G... huissier, D....., son collègue, dénoncent douze fois le protêt, ce qui, pour cette entrée en procès, constitue le malheureux débiteur en *quatre-vingt-sept francs de frais*; si bien que s'il y a jugement, on peut devoir *onze ou douze cents francs* avec *cent francs primitifs*. Or, l'huissier a pour lui au moins le tiers de cette somme, et avec la clientèle d'un riche escompteur, cette aubaine peut revenir trente ou quarante fois par semaine. Je n'exagère pas ; j'ai connu un avoué qui m'a confié dans un moment d'épanchement qu'un de ces confrères pour des déboursés réels au-dessous de *neuf francs* avait présenté au malheureux plaideur un règlement de compte montant à *trois cents francs* qui avait été acquitté (1).

— En vérité, M. le comte, dit alors Dumar, si j'étais en votre rang et que de tels fruits me fussent promis, je n'hésiterais pas à en provoquer le châtiment.

— Bon ! j'aurais contre moi tout le Palais, même le défenseur de la veuve, le protecteur de l'orphelin ; les abus dont tant de gens profitent sont beaucoup plus sacrés que l'arche d'alliance.

En ce moment on apporta une lettre au comte de Vaulaire, il la lut, la froissa dans ses mains avec un signe d'impatience, puis ayant tiré sa montre, prit sa canne et sortit sur-le-champ. Ombeline préoccupée de la cause constante de son chagrin, n'avait rien vu de ceci, il n'en fut pas de même de Louis Dumar qui, examinant avec attention les mouvemens du pair, dit, dès qu'il fut hors du sa-

(1) Historique, je peux nommer les masques.

lon, à sa sœur : Ou je me trompe ou le cœur du comte est intéressé à la missive qu'il vient de recevoir.

— Le cœur, répéta Ombeline avec une surprise naïve, le sien ne serait-il pas tranquille ?

— Non, chère amie, il est agité; une dénonciation, je le parie, vient tout-à-l'heure de le troubler dans sa sécurité.

Ombeline demanda alors une explication que son frère lui donna durement, toutefois elle apprit que la femme de ce personnage insolent qui était venu l'outrager chez elle était l'objet des attentions galantes de son aïeul.

— Au reste, poursuivit Dumar, tu n'as pas à en vouloir à mon indigne cousin Raymond Daclos, car c'est presque sa démarche coupable qui m'a déterminé à la révélation que j'ai faite au comte.

— Je ne le verrai pourtant qu'avec dégoût,

haine et mépris, répondit Ombeline; n'est-il pas aussi la cause de l'erreur du marquis? Ton chapeau qu'il eût vu, si ce monsieur-là ne l'eût emporté, eût amené nécessairement une explication qui eût tout accommodé.

Ombeline revenait toujours à son thème premier, comme ne cessent de faire des personnes fortement éprises d'une vraie passion.

Un Amant réel.

Jamais nous n'aimons mieux que lorsque nous jurons ne le vouloir.

Recueil de Maximes.

XXXIV.

— Entrez donc... entrez donc... en vérité, il y a des gens qui sont sourds pis que des bécasses... entrez donc...

On n'ouvrit pas la porte, bien qu'on eût heurté à diverses reprises. Oh! pour cette fois, l'impatience de Louis ne pouvant être commandée, il alla lui-même tourner le bouton, et il se trouva dans les bras d'Eusèbe de Molène. La vue de son ami, qu'il n'osait encore attendre, l'ayant comblé de joie, il poussa un cri de contentement, et en même temps il dit en riant :

— Je ne suis plus étonné si tu ne répondais pas à mon invitation, une âme en peine erre, rôde, tourne autour du lieu où est son corps. La moitié du tien est renfermée loin d'ici, et tu es en esprit ou en nature, tu n'oses aller... Je gage que tu n'osais pas te présenter à moi.

— C'était ma folie, répondit Molène en rougissant; oui, mon délire monte si haut, que j'ai peur de me montrer au seul ami qui me reste.

— Au seul, tu peux bien dire, Louis, car je crains bien qu'à part moi, nul ne te soit resté fidèle.

— Tu le crains, dis-tu?

— L'indigne époque !

— Je m'en doutais il y a long-temps.

— Eh bien ! j'avais, moi, meilleure idée de l'espèce humaine. Je présumais qu'une femme pouvait être fidèle, sincère, naïve ; maintenant, vois-tu, je ne crois plus à rien.

— Tu as donc éprouvé quelque ingratitude?

— Moi, non, pas précisément; mais c'est toi, marquis, que j'ai en vue; toi, si digne d'être aimé, et que l'on a trahi avec tant de scélératesse.

— Alors c'était la première partie de ta lettre qui était contre la vérité.

— Ma lettre... je ne sais ; qu'ai-je pu dire ?

— Elle m'a bien surpris.

— Tu veux dire ennuyé.

— Non, étonné. D'abord, tu me conseillais de renoncer à... Ombel... à mademoiselle de... Rumain, puis, tu me faisais un tel éloge de mademoiselle de Vaulaire..... Je ne veux pas me marier.

— Mon Dieu! tu as peut-être raison; vois, moi, je me trouve très bien du célibat.

— Ainsi ferai-je, Louis; j'ai les femmes en horreur. Le mauvais génie, quelle hypocrisie! comme il trompe : par exemple, qui n'aurait pas cru à la sincérité de cette jeune fille?

— C'est vrai!

— Avec moi si réservée, si candide, si vierge... et la malheureuse avait un amant secret.

— Ce sont des atrocités que l'on ne peut trop détester.

— Tu prenais pourtant sa défense. Tu m'as dit souvent qu'il ne fallait pas croire les apparences, que les yeux sont faciles à éblouir, qu'enfin celle-là pouvait cacher un père, un frère mal mis; la vanité est si bizarre. Tout cela au fond était possible; je me le suis dit d'ailleurs : elle était si fière dans sa pauvreté, elle se refusait tant à toute explication ; ce n'est pas ainsi qu'agit une grisette coquette artificieuse, avide, qui veut faire un grand mariage; elle doit craindre qu'en trop laissant agir la jalousie, elle ne perde l'amour de son amant..... Qu'en penses-tu, Louis?

— Mais de quoi? Tu as posé une règle générale, je l'adopte; puis tu viens à l'application : ici tu m'as convaincu de la perfidie de ta belle.

— Eh bien! cela console, vois-tu..... cela me charme; tu ne me gronderas pas, nous serons d'accord..... Allons, tout est dit.... oh! oui, tout est dit..... D'abord, mon cher Dumar, l'absence a produit son effet ordinaire, je n'aime plus cette créature; elle m'est indifférente comme la vague qui maintenant coule sous le pont des Arts.

— J'aime à te voir cette sagesse.

— Elle est telle, que je reverrais Ombeline, mon cœur ne serait pas ému.

—D'ailleurs, comme tu ne la verras pas....

— Ah! non, assurément, je ne la reverrai pas; ce serait un acte de lâcheté..... Je gage que chaque fois que l'on sonne à la porte de son appartement, elle se figure que je vais me présenter à elle... Je voudrais voir le jeu de sa physionomie si je lui apparaissais; que penses-tu qu'elle ferait?

— Que sais-je... cela m'importe peu.

—Tu as raison..... tu n'es guère curieux, Louis..... Cependant il serait drôle qu'au retour de mon voyage, et sans faire semblant de rien, et avec cette indifférence qui, grâce à Dieu, règne en mon cœur, j'allasse lui rendre une visite de bienséance... de politesse... là... en ami... en indifférent bien ferme, bien froid, bien dégagé... Elle en souffrirait mille tortures.... oh! comme j'en jouirais..... avec quels délices je verrais couler ses larmes. La vengeance serait douce; elle m'a tant fait de mal, a tant brisé mon cœur... Oui, tout examiné... c'est une fantaisie qu'il faut que je me passe... Je te proposerais bien de venir avec moi... mais si nous étions deux elle pourrait se persuader que je me crains moi-même, et que j'ai voulu me faire accompagner afin de me soutenir contre ses charmes... J'irai seul.

Dumar, malgré tout son usage du monde, avait une peine infinie à retenir son envie de rire, et la joie qu'il éprouvait de revoir le marquis revenu de son voyage plus amoureux que jamais, persuadé que pour augmenter la véhémence de cette passion, il convenait non de la flatter, mais de la contredire, il jouait son rôle avec un art de comédien; il ne fut pas la dupe du motif prétendu par lequel Eusèbe l'écartait déjà de cette visite qu'il voulait rendre à Ombeline. La vérité était que, déterminé à lui demander pardon et à accepter pour vraie toute explication qui lui serait donnée, il aurait honte à l'avance d'avoir un témoin de sa faiblesse. Dumar, donc, pour irriter davantage ce sentiment que l'absence, au lieu de le détruire comme il s'en targuait, avait exalté encore plus, jugea convenable d'éloigner le texte de la conversation, et tout à coup se mit à dire :

— Tu as donc vu Prague ?

— Oui... je compte vers trois heures aujourd'hui...

— Et la royale famille ?..

— Ah ! bien respectable... Puisque ma résolution est prise.....

— Charles X, comment se porte-t-il ?

— Sa santé est étonnante..... Pourquoi retarderai-je ?

— Qui t'a présenté à S. A. R. monseigneur le duc de Bordeaux ?

— Le respectable, l'éloquent évêque d'Hermopolis, en l'absence momentanée du comte de Montbel, ce héros de la fidélité, que j'ai vu aussi... quel courage! quelle résignation!.... Que d'agaceries elle me fera.

— Des agaceries, on t'en a fait à Prague?

— Eh! non, mon Dieu! tu ne sors pas de la Bohême : Je te parle de mademoiselle de Rumain, et comme il ne faut pas faire peur, même à une infidèle, je vais, avec ta permission, me vêtir décemment.

— Pour aller la voir à ton débotté; tu sais donc où elle loge?

— Comment?... aurait-elle...

— Tu ne la trouveras plus rue Cassette, je t'en préviens.

— Elle a changé de demeure?

— Le jour même de ta découverte, et n'a pas couché dans ce malencontreux appartement.

— On te l'a dit, tu en es certain?

— Oui, car je le tiens du propriétaire.

— Oh ciel ! et qu'est-elle devenue?... aura-t-elle suivi ce personnage mystérieux ?...

— Tu m'en demandes trop ; je ne me suis guère occupé de cette demoiselle; je n'en étais pas amoureux.

— Mon ami, ta révélation me tue; jusqu'à ce moment je me maintenais dans la conviction de son innocence : ce voyage entrepris pour la punir, n'avait tourmenté que moi. Plus je m'éloignais, plus l'amour me la rendait présente; quand je ne l'ai plus vue, son image s'est emparée victorieusement de toutes les facultés de mon âme, et jamais je ne l'ai autant aimée que depuis le jour où, au moyen de la fuite, je m'étais figuré reconquérir ma liberté... Maintenant, ce que tu me dis brise, anéantit mon âme; je suis ivre de malheur... Tu te joues de moi, elle n'a pas pris la fuite ; nous la trouverons là où toi le premier me donnas son adresse... Oui, toi..... je me le rappelle. Pourquoi ce manège, pourquoi me la montrer ?

— Tu entres dans des espaces imaginaires, dit Dumar froidement, suis-je responsable d'une carte que l'on ma remise je ne sais où ? l'ai-je jamais connue..... Suis-je l'homme au chapeau ?....

— Je ne le crois pas, mais..... Le bizarre incident.

— Qu'est-ce ? demanda Louis, qui machinalement se sentit alarmé. Quelle nouvelle lubie l'égare ?

— Que dirais-tu, si, Dumar, je t'apprenais que cette canne de jonc, à pomme antique, ciselée de trois ors, est pareille à celle qui accompagnait au jour fatal le chapeau de Daclos, que je trouvai.

— Tu plaisantes.

— Non, mon ami..... c'est la même..... ou la pareille.

— J'ai acquis celle-ci que tu ne m'as point vue précédemment.

— Je l'avoue.

— D'un brocanteur du quai Voltaire, et cela il y a douze à quinze jours, au plus.

— Le hasard, dit le marquis, fait des rapprochemens bien bizarres.

Louis Dumar était si fort piqué de son étourderie qui l'avait détourné de se défaire de la fatale canne ainsi qu'il l'avait dit à sa sœur, que son embarras le gêna dans ses réponses et dès ce moment la conversation si animée, entre eux deux, tomba presque tout à coup. Le marquis de Molène prétextant une fatigue excessive, rentra dans son appartement. Dès qu'il y fut installé, il intima à l'un de ses valets de pied, de courir rue Cassette n°..... et de présenter, de sa part, ses hommages respectueux, à mademoiselle de Rumain dans le cas où elle n'aurait pas encore changé de logement.

Ce message provenait d'un instinct subit de méfiance dont il ne se rendait pas compte, qui l'avait saisi tout à coup, à l'aspect de la canne fatale ; plus d'une fois il se figura que son messager lui rapporterait la nouvelle qu'Ombeline était à l'attendre au même lieu ; ceci s'inculqua si bien dans sa tête, qu'il fut singulièrement désappointé, lorsque le domestique lui apprit que mademoiselle de Rumain, depuis environ deux mois, avait vendu son mobilier et était à ce que l'on croyait partie pour la province.

— As-tu demandé où elle était ?

— Oui, monsieur le marquis, le portier ne le sait pas, je l'ai demandé à sa femme, à part, l'ayant rencontrée dans la rue, elle m'a tenu le même langage ; de-là, j'ai été chez la fruitière voisine, je l'ai invitée, à venir avec moi boire *un verre de quelque chose*... C'est une fameuse langue tout de même, madame Simon ou *la mère aux corbeaux*, comme on dit dans le quartier, à cause du voisinage du séminaire... *Motus*, celle-là aussi.

Au soin que Joseph avait mis à faire la commission de son maître, on devinait facilement qu'il en comprenait l'importance. Aussi Eusèbe, piqué des soins de ce garçon, dut le remercier et lui rembourser le coût de ce *verre de quelque chose* qu'il avait si généreusement offert à *la mère aux corbeaux*.

Suspension.

Timeo Danaos et dona ferentes.
>
> Virgile. *Enéide*. Liv. ii

Je crains les Grecs ; je crains jusqu'à leurs présens.

XXXV.

On annonça chez le marquis de Molène M. Raymond Daclos.

Eugène, à ce nom qui lui rappelait une scène d'où provenait toute son infortune, tressaillit, se leva, et aurait évité la visite en employant le secours de la fatigue extrême du voyage qu'il terminait, si Raymond lui en eût laissé le loisir; mais celui-ci entra dans le salon aussi vite que le valet de chambre, et, d'un air riant et les bras ouverts, vint à lui et l'embrassa.

— Eusèbe, qu'est-ce? tu me boudes? Suis-je donc tant coupable!... Est-ce un crime que de rendre hommage à la beauté?

— C'en est un que d'insulter la vertu sans défense.

— Mon Dieu! cher marquis, voilà comme tous les amoureux sont: Il leur faut de la vertu, n'importe la qualité de la marchandise; malgré tes assertions de l'autre jour, malgré ta conviction présente, je ne te dirai pas moins que la digne princesse m'a la mine d'être une franche coquette de grand appétit; car, sans me compter, moi, indigne, elle mange, ou, comme dit Beaumarchais, plutôt elle dévore à triple ratelier.

Eusèbe soupira.

— Mais..... tu es donc amoureux ?..... et d'une grisette !... Je te plains... Les chastes nymphes sont dans le commerce de la galanterie, non pour le bonheur d'un seul, mais pour le contentement de tous. La tienne, par exemple, je la soupçonne véhémentement d'avoir été mise dans ses meubles par ton parent le comte de Vaulaire, et, tandis que tu l'entretenais de beaux sentimens, de recevoir ses quartiers de pension en bons au porteur tirés de la caisse de mon cousin Dumar.

— Que dis-tu ? s'écria le marquis dont les yeux soudainement s'allumèrent, sais-tu la portée d'une pareille accusation ?

— Ma foi, non, reprit froidement Daclos, mais qui, devinant que ce qu'il dirait brouillerait les deux inséparables, en ressentit une joie infernale qui ne lui permit pas de réparer par une defaite le coup qu'avec malice il avait déjà porté ; aussi poursuivant :

— Tout ce que je peux affirmer, et avec preuve, c'est que, pendant que tu me traitais en barbare qui tendait à enlever une auguste princesse, Louis Dumar, son ami de cœur, était caché dans une dernière pièce. Quant à la preuve, la voici, et irrécusable : une lettre écrite de la main dudit, le jour précité, par laquelle il réclame son chapeau échangé contre le mien. Tu y trouveras son style impérieux, arrogant, n'importe ! il me suffit que tu voies que je ne t'en impose pas. J'avais voulu un moment ; détruire cette pièce importante. J'aurais eu tort, puisqu'elle me sert aujourd'hui à dévoiler, auprès de mon meilleur ami, la fourberie d'une âme double et perfide.

En parlant ainsi, il cherchait entre ses papiers celui qui lui vendrait une si brillante vengeance, tremblant à la crainte de ne point le saisir. Molène, hors de lui, éperdu, haletant, n'osant encore offenser Louis Dumar, et néanmoins ne croyant pas que Raymond Duclos pût aussi loin pousser la calomnie, lorsque, vu la présence de Louis, la vérité serait sitôt connue; enfin, le petit billet tracé sur joli papier, froissé d'abord dans le premier moment de la colère, le billet, dis-je, parut. Raymond, enchanté, le présenta au marquis, et celui-ci se précipita dessus avec la véhémence d'un lion affamé à l'aspect d'une abondante nourriture.

Eusèbe se rapprocha de la fenêtre, examina scrupuleusement et le cachet, et le papier, et le corps de l'écriture, tout restait parfaitement en harmonie avec les traits de plume de Louis Dumar, plus son chiffre et sa devise.

Le marquis prolongea cette inquisition, la recommença, comprenant bien l'importance de l'affaire, il sentait que, pour porter contre son amie une de ces accusations si capitales, il fallait posséder des preuves aussi claires que celles du jour... Eh bien! ces preuves-là il les avait; oui, il lui donne plus sûr que son existence, que ce Louis Dumar, retiré par lui du malheur, du comble de la misère, épaulé de son amitié et servi de sa bourse, placé honorablement, logé, nourri chez lui, pour qui il avait ouvert un crédit chez tous les banquiers; que cet homme, dis-je, égaré par la plus noire ingratitude, avait, à l'aide de sa maîtresse, tendu un piège infâme à la crédulité honorable d'un homme de bien.

Cette découverte affreuse et positive, cette certitude acquise enfin, qu'Ombeline était une créature perdue et indigne, tortura cruellement ce noble cœur, mais plus il comprenait la profondeur de cette perversité, moins il voulait, par un éclat intempestif, se laisser arracher sa victime; aussi loin, d'éclater, de tonner en l'occurrence, comme tant d'autres l'auraient fait, il refoula en lui la vengeance et le courroux, et il dit prudemment à Raymond Daclos :

— Parbleu ! mon cher camarade de collège, je te dois un beau cierge : Monsieur Louis, pour avoir le droit de me sermoner, affectait une rigueur de mœurs qu'il n'a point ; il me laissait même aller sur ses brisées et ce m'eût été difficile de lui faire avouer sans ton concours.

— Je ne voudrais pas pourtant, répondit Raymond, élever entre vous deux une querelle sérieuse et je te supplie de lui cacher mon nom.

— Ce sera difficile, mais si je parle, je tâcherai de ne pas te compromettre dans le léger conflit que nous aurons ensemble et qui, d'ailleurs, comme dit Beaumarchais, *finira* par des chansons.

Raymond, pleinement rassuré, ne fit aucune difficulté de confier au marquis la fatale lettre de Louis, et, en partant, il s'en alla avec la triste consolation d'avoir atteint à l'un de ses buts, car il ne croyait au peu d'importance que le marquis paraissait mettre à lui.

Dès que le marquis fut seul il donna pour ordre de ne laisser venir à lui aucun individu quelconque, même Louis Dumar; puis, cette première précaution prise, il s'enferma à double tour, médita, se mit à écrire en ces termes à celui que trop long-temps il avait cru son sincère ami :

« Eh bien ! Louis, fallait-il que notre affec-
« tion reposât sur une base commune; que je
« fusse l'habile, et vous le fourbe, en mesure
« de profiter de mon attachement.... Je ne
« l'aurais pas cru, la chose est certaine, vous
« l'avez établi sur une preuve irréfragable, et
« néanmoins j'ose à peine m'y confier, tant je

« ne peux me résoudre à vous ôter mon estime
« et à vous faire descendre dans mon cœur.

« *Je sais tout:* ne niez rien, n'expliquez
« rien; *je sais tout*. Ces trois mots suffiront
« pour vous flageller, pour vous faire rentrer
« à cent pieds sous terre, vous et votre inso-
« lente et odieuse concubine : *Je sais tout*.

« Ainsi, lorsque vous me remîtes une carte,
« *par hasard à vous venue*, c'était un coup
« déterminé ; cette ouvrière si habile, que,
« sans la connaître, vous me recomman-
« diez, était votre maîtresse en titre, celle
« qui se jouait de moi avec vous : *Je sais*
« *tout*.

« Il vous paraissait doux d'élever à moi
« une créature, la honte de son sexe, aussi
« avilie par sa débauche que par la bassesse
« de ses sentimens; et vous laissiez aller mon
« amour, et, soit en le combattant, soit en
« l'appuyant, selon la circonstance, vous

« m'eussiez entraîné (et c'était fait, vous le
« saviez) à lui donner mon nom, à me lier
« avec elle de nœuds indissolubles : *Je sais*
« *tout.*

« Que vous avais-je fait pour me punir
« aussi cruellement? Par où m'étais-je rendu
« capable de mériter tant de haine, tant de
« déloyauté?... Ah! Louis Dumar, vous me
« détestiez donc bien; mes torts étaient donc
« bien graves! Cherchons-les, peut-être les
« rencontrerons-nous?

« J'arrive à Paris, je vous rapportais l'ami-
« tié franche, pure, intacte, inaltérable, en-
« fin telle que je l'avais amenée, telle qu'au-
« rait dû la diminuer votre silence de six ans.
« Je vous demande, on vous ignore; je mets
« de la persistance à vous découvrir, je vous
« suis à la piste, et mets la main sur vous dans
« la mansarde où vous logiez; dès lors..... Je
« m'arrête : j'aurais mauvaise grâce à vous

« reprocher le bien que je vous ai fait, ce se-
« rait le reprendre, et je veux qu'il vous ac-
« cable de son poids. Mais si je ferme entre
« nous deux le passé, je veux que l'avenir me
« reste : je le veux, entendez-vous, *car je sais*
« *tout*.

« Il vous faut du temps pour sortir de chez
« moi, où votre vue me serait insupportable.
« Je vais vous fuir provisoirement, comme, et
« avec tant de raison, j'avais fui l'abominable
« créature que vous aviez mise de moitié avec
« vous dans cette trahison. Je vous donne
« quinze jours ; ils doivent vous suffire..... Je
« reviendrai à cette époque : une personne
« tierce vous fera connaître mes intentions...
« Vous êtes... Je m'arrête, jugez-vous d'a-
« bord, et puis choisissez l'épithète que vous
« méritez, et appliquez-vous la...

EUSÈBE DE MOLÈNE. »

Ce jour-là, Louis Dumar avait dîné chez le

comte de Vaulaire. Il s'y était présenté tout joyeux en conséquence de la bonne nouvelle qu'il apportait ; aussi en entrant au salon, il courut vers sa sœur.

— Combien de fois m'embrasseras-tu, lui dit-il, en retour de ce que tu vas savoir ?

— Est-il ici ? demanda Ombeline avec une émotion qui oppressa son cœur, en même temps qu'elle rougit ses joues et illumina ses beaux yeux. Et depuis quand ? poursuivit-elle ; Pourquoi ne l'as-tu pas amené avec toi ?

— Aurais-je osé prendre cette liberté ? Ne pouvais-tu pas être devenue indifférente ? Devais-je ainsi t'enlever le droit de terminer par un refus éclatant, un amour ennuyeux.

— Voilà qui est mal, répondit la jeune fille en versant dans larmes ; faut-il, même en badinant, ne pas admettre ma fidélité. J'aime le marquis en insensée ; je l'aimais lorsque je n'osais espérer d'être à lui, et aujourd'hui que sans manquer à sa gloire et à sa fortune je peux lui accorder ma main, irai-je à un autre apporter un cœur que je tiens tant à garder pour moi.

— Et que lui-même a grande hâte de t'apporter; car, quoique encore sous l'impression de la jalousie, il voulait aller te voir seul, ce qui disait clairement : Je ne veux aimer qu'elle.

Louis Dumar, heureux du bonheur d'Ombeline, lui raconta alors ce que le marquis lui avait dit une heure auparavant; il peignit son agitation, son impatience, la ruse mise en lumière; les moyens qu'il employait pour prouver son amour, enfin il en dit tant qu'il acheva de satisfaire Ombeline et de la ramener à ce contentement, preuve non équivoque d'une passion réelle.

Dans le moment, le comte de Vaulaire s'approcha. Depuis plusieurs jours, sa petite-fille le tourmentait à cause de l'aspect sombre et mélancolique de sa physionomie; maintenant elle riait, les éclats de sa joie avaient frappé son oreille, et il éprouvait du plaisir de son allégresse. Louis acheva de le satisfaire en lui annonçant le retour du marquis.

— J'en suis enchanté, dit le vieillard, il ne faut pas lui laisser le temps de se reconnaître; je vais lui écrire et l'engager à dîner demain. Parbleu ! nous rirons bien de sa surprise, lorsqu'il sera présenté à ma petite-fille, dans laquelle il trouvera la petite grisette du quartier Saint-Sulpice !

Ce n'eût pas été le plaisir de Louis. Il lui semblait que laisser encore son ami dans l'incertitude valait mieux ; que le rassurer trop promptement, ne lui laisserait pas le loisir de bien goûter le bonheur. Cependant, trop respectueux envers le comte, il garda pour lui sa pensée ; lui laissant la liberté d'agir selon qu'il le jugerait.

M. de Vaulaire caressant son idée, courut sans retard la mettre à exécution. Malgré son âge, il était vif et leste ; aussi eut-il en peu de temps écrit et traduit sa pensée en forme vulgaire et polie. Des lors le marquis de Molène dut se tenir avant peu pour invité. Un laquais reçut la missivee, on a vu surtout dans l'antichambre, et ce valet ne doutait pas qu'il ne portât au neveu de pair du France, l'acte de succession, ce titre autrefois si précieux, parce qu'il était héréditaire. Il en toucha un mot en passant à un cocher qu'il rencontra au commun. Celui-ci très intime avec la femme du suisse, que je n'ose nommer suissesse, car elle était de Brives-la-Gaillarde, et son mari, né, sur la paroisse Saint-Gervais, rue de la Mortellerie.

Madame Maltortondeck, du nom de son époux, Honoré-Boniface Maltor, instruite un jour que le comte de Vaulaire cherchait un suisse, né tout au moins dans la vallée du Rhin, vint à son mari dont l'appartement donnait sur la Seine.

— Boniface, dit-elle, M. le comte (de Vaulaire) veut un *enfant de l'Helvétie*, pour remplacer chez lui cet ivrogne Groulin qui s'était fait passer pour Russe, parce qu'il parlait la langue basque. Tu as le pied marin, car tu as humé les brouillards de la rivière. Il ne te connait pas, va le trouver; tu viendras de la part de sa blanchisseuse. J'arriverai peu après ; je t'appuierai, il te prendra, nous nous marierons (c'est une occasion), et pour bien constater ton origine helvétique, tu prendras les papiers de ton oncle le curé bas-breton et tu ajouteras à ton nom de famille, quelque chose qui sente la montagne.

Ce plan de campagne réussit. Un enfant de Pairs succéda en qualité de suisse à un Toulousain. La concubine, jolie femme, qui ne déplaisait pas au comte, se fit épouser, et dès lors, ce fut une manière de puissance, sous le nom ronflant de Maltor *Tondeck*. Il est vrai qu'elle aussi dut se débaptiser et troquer son prénom de Javote en celui de Jungfraw (jeune fille) ; il est vrai qu'elle crut gagner au change.

Madame Maltortondeck ayant promis le secret à Rolsein, touchant cette confidence qu'il déposa dans sa discrétion, se hâte très religieusement de la confier à son tour à toute la maison, depuis le marmiton des cours, jusqu'au valet de chambre.

Roger indigné de l'éparpillement d'un secret de famille, aurait fait un beau bruit, si la rapidité des évènemens ne lui eût fermé la bouche.

Une Coquette punie.

Quand cesserons-nous d'exiger du vice, des qualités qui ne peuvent ressortir que des vertus ?

Recueil de Maximes.

XXXVI.

L'envoyé du comte de Vaulaire ne pouvait moralement être de retour, lorsqu'on présenta à Louis Dumar une lettre à son adresse ; il la prit, allait selon l'usage établi en bonne compagnie, l'enfermer dans son portefeuille, et remettre pour la lire au temps où il serait seul ; mais à la vue de l'écriture et du cachet du marquis de Molène, il montra la missive à sa sœur, en disant :

— Vois, Ombeline, l'empressement de mon ami ; je viens de le quitter, et il me redemande. Je gage qu'il veut m'annoncer sa faiblesse et me prier de joindre mes efforts aux siens, pour retrouver l'ange adoré qui le prive de sommeil.

— Monsieur, dit le comte, je vous prie, ne vous gênez pas ; lisez ce que le marquis, mon neveu, vous mande.

Un vif désir de curiosité, porta Louis à céder sans résistance à l'autorisation qu'on lui donnait. Il brisa donc le cachet, lut les premières lignes sans trop rien comprendre à leur contenu ; mais à mesure qu'il pouvait voir clair dans cette pièce extraordinaire, la mauvaise humeur, la colère, le dépit s'emparant de lui, rembrunissaient son front, et le plaçaient dans une situation fâcheuse et par suite pénible.

Le comte, sans savoir pourquoi, l'examinait avec soin. Ombeline, attachée par tout ce qui parlait de son amant, aurait voulu lire sur la physionomie de son frère, ce que lui mandait son ami. Certes, ni l'un ni l'autre ne s'attendaient à un aussi singulier incident ; lui-même avait-il pu le deviner, et au moment d'en être vainqueur, il se surprenait honteux de s'en voir accablé.

Ainsi ce qu'il avait conduit avec tant d'art, ce qu'il espérait faire accepter de son ami, comme la douce récompense de sa sincère amitié, devenait tout à coup pierre terrible d'achoppement, qui brisait comme verre un projet si habilement conçu. Ne sachant que dire, qu'avouer, il se taisait, allongeant sa lecture au-delà du temps moral qu'elle exigeait ; mais avec le dessein de lui devoir quelque ruse propre à cacher ce qu'il craignait de révéler, surtout au comte, à cause de Raymond à mêler là-dedans, et d'une multitude de petites raisons qui, isolées, ne sont rien ; et qui en masse paraissent doubles et nuisent toujours, même à l'honneur obligé de se justifier. Cependant, ceci ne pouvait pas aller plus loin. Le père et la fille attendaient une explication ; il le sentait, et son embarras en augmentait. Enfin comprenant l'inconvenance de son silence :

— En vérité, ma chère Ombeline, dit-il, nous jouons de malheur ; j'ai cru bien faire en ne confiant pas ce matin à mon ami ta position nouvelle, et lui, beaucoup plus sous l'influence de son dépit que je ne le supposais, s'est remis à écouter le dépit, et en conséquence il est reparti pour voyager.

Un cri douloureux échappa à la jeune fille, elle baissa la tête et demeura presque évanouie. Le comte partagé entre la peine que lui faisait éprouver la douleur d'Ombeline et son mécontentement de la nouvelle fuite de son neveu que, selon lui, on eût dû prévoir, se montra sous un tel aspect qu'il n'encouragea pas Dumar à lui compléter la confidence.

— Peut-être le marquis n'est-il pas encore monté en voiture, dit M. de Vaulaire; je sais par expérience combien le service de la poste aux chevaux est lent, lorsqu'on n'est ni membre du pouvoir, ni pyramide de la finance. Je vais chez lui et s'il s'y trouve encore l'instruirai d'un badinage... Qu'en pensez-vous, monsieur, dit-il en s'adressant pour ceci plus partculièrement à Dumar ?

— Faites, faites, répondit celui-ci; le plus prompt est le mieux, dites-lui... Mais hâtez-vous, votre prudence fera mieux que mes avis.

Ce conseil frappa l'orgueil du comte qui,

ayant une haute opinion du mérite de Louis, ne souhaitait rien tant que de recueillir son approbation; il prit donc son chapeau, fit avancer une voiture de place, ne pouvant attendre que l'on mît de chevaux à une des siennes.

Aux approches de la maison du marquis, il se mit à regarder par la fenêtre de la remise afin de saisir Molène si, par hasard, il le voyait partir ou sortir... Dans le moment il crut voir une dame de sa connaissance intime, allant à pied, se diriger vers l'hôtel où lui-même se faisait conduire... Il se frotta les yeux... Est-ce elle?... Oh! non... Si, ma foi... Elle, à pied, dans cette rue; chez mon neveu... Qui loge dans l'hôtel du marquis? M. Dumar. Mais l'entrée n'est pas la même... Eh! parbleu, le bel adolescent, ce vicomte de Molène qu'une lettre anonyme, m'a signalé comme allant sur mes brisées auprès de madame Daclos... C'est impossible !

Un cri d'indignation et de dépit fut la réponse à la négative.

Madame Nantilde, en costume élégant de bonne fortune, sans équipage, sans valets à sa suite, sans même une femme de chambre et malgré un temps pourri, venait d'entrer furtivement dans l'hôtel du marquis de Molène, certainement son dessein était de s'y reposer chez le vicomte de Nolvert, neveu de celui-ci et pleinement étranger au pair.

Si la surprise d'une maîtresse en flagrant délit frappe cruellement un jeune homme, si son amour-propre blessé se livre à tous les mouvemens d'une vengeance éclatante; lui qui, par ses avantages, a tant de moyens de prendre sa revanche, avec combien plus d'amertume le même besoin, le pareil désir égarent le cœur du vieillard blessé dans son orgueil, dans sa vanité dans sa conscience, rien ne l'arrête; il tonne, il fait un bruit sans pareil et n'est pas rassasié de colère l'orsqu'il a perdu la créature assez coupable pour lui embellir sa dernière illusion.

Le comte de Vaulaire ayant ordonné au cocher de s'arrêter et de l'attendre, courut précipitamment à la porte de l'hôtel de son neveu, que la dame avait laissée entre-baillée, la dépassa et la refermant avec vitesse, parut inopinément devant le portier connu de celui-ci comme l'oncle de son maître, il pouvait compter sur ses respects, sur ses égards qu'augmentèrent soudain le double louis qu'il lui glissa dans la main.

Tandis que cet homme, en première récompense de la somme tombée des nuées, lui offrait pour le reste la part d'honneur et de sincérité qui lui demeurait encore en propre, le comte immobile et préoccupé recomposait ses idées et se demandait à soi-même ce que d'abord il était venu faire, et ensuite ce qu'il souhaitait, maintenant; un peu de réflexion lui fit comprendre qu'il fallait débuter par s'informer des nouvelles du fugitif volontaire.

A cette question, le concierge hésita, se troubla, le comte insista et une seconde pièce d'or fit avouer au digne domestique de confiance, que monsieur, pour sa santé, s'était retiré à une jolie maison de campagne qu'il avait acquise à Auteuil pour y passer la belle saison; ceci rassura le vieux parent à cause de la proximité de la retraite, et dès-lors il parut moins inquiet touchant ce point, il se remit sur celui qui, certes, vu l'état de son cœur, devenait le principal.

Ici le portier charmé de pouvoir obliger M. de Vaulaire et poussé d'ailleurs par ce malvouloir semé chez eux pour tous les amans qu'ils pillent et que leurs caquets desservent; il ne marchanda pas le secret du vicomte de Nolvert, et il fit connaître à qui l'interrogeait que depuis quinze jours la dame *en question* venait faire de fréquentes visites, surtout très prolongées, à M. Anselme, ainsi que familièrement dans l'hôtel de son oncle où désignait le vicomte de Nolvert.

Le comte en apprenait plus qu'il n'eût voulu, mais du moins ceci lui fournissait-il une lumière dont plus tard il tirerait son avantage. Il allait partir lorsque madame Daclos qui n'avait pas rencontré le vicomte chez lui, se vit dans la nécessité de s'en retourner, ne soupçonnant pas le péril qui l'approchait de si près, elle descendit du troisième étage avec cette lenteur que met toujours celui qui espère la venue, à propos, de la personne qu'on ne trouve pas; tout cela donna le loisir au pair de prendre ses informations.

— Madame Daclos me permetra-t-elle de lui faire les honneurs de la maison de mon neveu, dit à Nantilde, une voix bien connue? Ce propos et mieux encore la connaissance de qui le prononçait la frappa à l'égal de la foudre; elle frémit, pâlit, chancela, baissa dans son voile, une tête sur laquelle on eût vu la honte et la rougeur.

— Ne m'entendez-vous pas, madame, reprit la même voix, vous suis-je si peu présent, que vous ayez perdu déjà mon souvenir; est-ce un retour que vous me donnez de la perte de mon estime?

De plus en plus anéantie, et comprenant le sens funeste de ces dernières paroles, Nantilde sentit son cœur brûler; elle en était venue au point que toute sa réputation perdue, elle ne conservait encore du rang dans le monde qu'en s'appuyant sur le crédit du comte de Vaulaire, dont la grande fortune pouvait à peine fournir à son luxe de fille publique.

Il y a, dans les dépenses de toilette qu'une

femme peut se permettre, des bornes qu'elle ne dépasse qu'en se dégradant au rang de la fille perdue.

Raymond, de son côté, par l'extravagance de sa conduite, faisait d'énormes brèches à la fortune commune; madame Réville, d'une part, et la Saint-Montalban, de l'autre, essayaient comme à l'envi à qui le dévorerait le plus vite; lui, homme perdu et sous le poids du charme du vice, fournissait tout ce qu'on lui demandait, et bientôt il devint indélicat sur les moyens de se procurer de l'argent. Je vais revenir à lui; je retourne maintenant à sa femme qui, voyant la nécessité de dire quelque chose, essaya la grâce d'un sourire et en même temps :

— Excuserai-je la jalousie d'un homme qui me trouve coupable parce que j'exerce un acte de miséricorde : une famille.... ah! bien malheureuse, m'a prié de parler au marquis...... et sans calculer ce que le hasard me destinerait de cette démarche si honorable, je suis venue, on me dit que M. de Molène est sorti.....

— Vous a-t-on dit cela, madame, dans cette maison, que le marquis était non sorti, mais à la campagne...... Concierge, s'écria le comte irrité, mon neveu n'a donc pas emmené ses gens.

— Tous sont partis avec lui il y a une heure.

— Et son neveu est-il sorti ?

— Non, monsieur, il est dans la compagnie d'une dame qui vient chaque matin chez lui... Aujourd'hui, par extraordinaire, elle vient de monter tout-a-l'heure.

— Eh! mon Dieu, madame, je vous demande pardon, je ne vous savais pas aussi près.

Le persiflage malicieux de ce misérable irrita au plus haut point Nantilde, qui, se voyant démasquée, ne s'abaissa pas à se justifier. Elle s'éloigna soudainement, laissant le comte furieux et déterminé à renoncer à un sexe perfide. Lui, de son côté, remonta en voiture et rentra où on l'attendait avec impatience.

A la vue du visage fortement empreint de tristesse que le comte rapporta chez lui, Ombeline se sentit touchée de reconnaissance, car elle s'attribua la cause de cette noire humeur, et, bien que son erreur lui fût connue, il ne chercha pas à l'en retirer. L'égoïsme nous surprend au milieu même de nos actes d'affection envers ceux qui nous sont si chers!

Vaulaire ainsi garda pour lui la découverte de l'infidélité de Nantilde; il confirma seulement le départ du marquis.

— Au demeurant, poursuivit-il, comme il n'a pas été loin, je lui écrirai toujours pour une invitation solennelle. Après-demain je donne un grand dîner; mes invitations ont été déjà envoyées. Une seule complètera celle de mon neveu.

Le comte, en effet, envoya au marquis de Molène le billet suivant :

« Mon cher neveu,

« Vous êtes par monts et par vaux, comme
« autrefois les paladins. Ne vous lasserez-vous
« point de cette vie aventureuse ? Votre pre-
« mière course ne vous a pas permis d'appren-
« dre que ma petite-fille était rentrée chez
« moi. La seconde, si prompte, si imprévue,
« m'empêche de vous communiquer ce bien-
« heureux évènement. Tout peut se réparer.
« Après-demain des amis, des parens dî-
« nent chez moi. Faites comme eux, je vous
« en supplie; je vous présenterai à votre cou-
« sine ; et, bien qu'elle vous ravisse toute ma
« fortune qui lui est acquise légitimement,
« ne lui en conservez pas de rancune car elle
« peut tout réparer.

« Adieu. On vous espère après-demain à
« cinq heures très précises.

« Votre affectionné parent,

comte DE VAULAIRE. »

La dernière phrase avait un sens clair que le marquis sans doute comprendrait aisément. Mais trop préocupé il n'y donna qu'une attention médiocre.

En même temps le comte de Vaulaire recevait lui aussi une lettre musquée, portant sur l'adresse le mot important *pressée*, elle disait :

« Que vous semble, monsieur, de notre
« position respective, êtes-vous fâché? me
« croyez-vous coupable? Je devrais, forte
« de mon innocence, attendre votre repentir;
« je suis plus généreuse, c'est un pardon que
« je vous offre, il me sera doux de le voir ac-
« cepter. »

Un seul *N* signait ; le comte relut deux fois

cette missive, soupira, rougit peut-être ; puis, regardant sa petite-fille, parut prendre un parti violent ; il passa dans son cabinet et il se hâta de répondre :

« Le pardon que l'on me propose, je devrais
« le donner, si je tenais à la coupable ; mon
« amour-propre ne me permet pas de payer
« pour être trompé, je vous laisse, madame,
« en liberté de faire des éducations. »

Il ne mit pas, même, une initiale à ce congé si bien donné.

Nantilde était, ce jour-là, de mauvaise humeur ; son père lui avait apporté la nouvelle que son époux, rendu téméraire par le besoin d'argent, avait tellement prodigué sa signature, que, devenue sans valeur, elle ne pouvait lui servir dorénavant.

— Est-il donc ruiné, s'écria madame Daclos ?

— Mais, à peu près ; néanmoins, s'il conserve sa place, il pourra faire face à la tempête et le crédit du comte de Vaulaire peut tout en cette circonstance.

Nantilde fit la grimace et se mordit les lèvres. Ce crédit lui serait-il conservé; le besoin de ne pas le perdre, lui fit écrire la lettre de tantôt; mais avant ce moment, elle dit à son père :

— Ma fortune particulière sera-t-elle compromise?

— Non, à moins que votre tendresse ne vous porte à vous engager pour votre époux.

— Moi, monsieur, que j'aie à payer les folies de mon mari! je n'en ferai rien. C'est un malheureux indigne de ma tendresse.

— En vérité, ma fille, répondit le père du jour, je mourais de peur de te voir imiter la comtesse de M...... elle s'est dépouillée jusqu'à son dernier écu, pour faire honneur aux dettes de son mari mort insolvable. Ce sont des sottises communes aux Françaises de l'ancien régime. Grâce à Dieu, à la nouvelle cour, chacun est pour soi et Dieu est pour tous. Je vais t'envoyer un homme d'affaires; remets-lui tes intérêts, et puisque ton mari est perdu, vaut mieux que ce soit toi qui profite de ses dépouilles que des étrangers ne lui fassent pas grâce d'un sou. L'honneur, vois-tu, consiste à se faire rendre pleine et sévère justice.

M. Marsail, ayant ainsi maintenu sa fille dans ces honorables dispositions, partit. Nantilde, en femme délicate, voulut se dévouer pour son mari, en conséquence, elle écrivit le billet que j'ai rapporté plus haut. La réponse ne se s'en fit pas attendre, sa réception l'accabla, elle se voyait compromise dans sa réputation, un ami tel que le comte de Vaulaire la soutiendrait contre le malheur de son mari, tandis que, seule, sans son aide, il lui audrait renoncer à occuper un rang dans le monde.

Sur ces entrefaites, son mari arriva; il était pâle, fatigué. Sa parure ordinairement élégante, se montrait cette fois, en véritable délabrement. Le linge sale, l'habit froissé, un gilet taché, du vin sur son pantalon, un chapeau écrasé ; en un mot, l'enseigne fatale d'une position brillante qui s'en va. Il n'est pas possible à l'homme déchu, au moment de sa débâcle, de se conserver net et propre comme il était en son bon temps. La démolition de la fortune, met forcément en débris le costume.

Les cheveux de Daclos n'vaient pas été peignés depuis long-temps ni sa barbe n'avait été faite. Sa bouche blême, ses yeux ensemble hagards et éteints, ses lèvres blanches et tremblantes, les dents jaunies, des taches vertes et jaunes sur les pommettes et une pâleur terreuse sur les joues. Voilà le portrait exactement détaillé de son extérieur ; demi-Dieu tombé. Matador à terre, perdant tout avec son argent, ne conservant ni vertu, ni mérite, ni énergie, ni fermeté. Il se croyait profondément digne du mépris public, parce que sa signature ne pouvait faire des dupes à la Bourse.

Il a, entre nous, un air moitié insolent et honteux, moitié chagrin et gai, moitié effronté et humble ; son haleine infectait le vin qu'il avait bu, pour prendre du courage. Il était de ceux qui ne trouvent de la force, qu'avec le secours de la débauche. L'absence de toute vertu ne peut que les livrer au désespoir final.

— Oh ! Nantilde, dit-il familièrement, je gage que tu sais déjà la nouvelle ?

— Je le crains, monsieur.

— Oui, c'est ça, *monsieur!* tu as raison, je

suis ruiné, donc je ne suis plus ton mari.....
Ah! *madame*, et la tendresse conjugale, et
cet homme, pour qui on doit tout quitter ?

— Qu'avez-vous quitté pour venir à votre
femme ?

— Des récriminations?... Je n'y tiens pas.
La paix, morbleu! la paix. Allons, embrassons-nous.

— Fi! monsieur, vous puez le vin. Se présente-t-on ainsi devant une femme infortunée ?

— Bah! as-tu manqué d'amans et d'argent;
tes biens te restent, et si magnanimement, tu
voulais les engager, je serais sauvé, et nous
remonterions une maison superbe.

— Hélas! monsieur, je ne me connais pas
en affaires. Je sais que je suis déterminée à
ne pas répondre pour vous d'une obole. Mon
père, qui m'aime, m'a parlé d'un de ses amis,
on a l'amitié de le mettre entre toi et moi.

Elle parlait encore lorsque Foursival entra; lui était radieux, dès qu'il vit Raymond.

— Oh là! oh! dit-il, est-ce qu'on s'accorde sans mon intermédiaire? Par-la morbleu! cela ne sera pas, mon cher M. Daclos; j'en suis fâché; mais la famille de madame m'a remis la direction de ses affaires, je vais la servir avec zèle, soyez en sûr; nous vous poursuivrons chaudement, cela se doit, mais votre femme ne vous en aimera pas moins : n'est-ce pas, madame, que tout en redemandant franchement votre bien à l'estimable Daclos, vous ne lui refuserez pas la conservation de votre cœur?

Nantilde allait répondre une de ces phrases qui ne disent rien, lorsque Raymond la prévenant, se plaignit du Foursival, qu'il eût oublié; que lui-même lui destinait sa confiance.

—Je serais bien ingrat si je l'eusse perdu de vue, répondit l'homme de cabinet; mais les dames passent avant tout ; j'ai remis à un collègue votre dossier, il plaidera pour vous et m'en rendra compte.

— Quoi ! ce sera vous qui me ferez poursuivre et qui me défendrez ?

— Certainement ! cela vous étonne ? seriez-vous fâché que je recueillisse ce double profit ? tous mes confrères, ou peu s'en faut, suivent cette maxime ; ils s'en trouvent bien, et leurs cliens pas plus mal.

Raymond ne céda pas sur ce point à l'avidité du loup-cervier ; il partit furieux, plaida contre sa femme ; il en résulta un éclat épouvantable ; des mémoires affreux qui, dévoilant toute sa vie, le déshonoraient si complètement, que le lendemain du jour où il gagna en Cour royale, il dût se brûler la cervelle pour se réhabiliter dans l'opinion publique, trop portée à excuser les vices quand ils se réfugient dans le crime.

Cette fin tragique aida les rivales de Nantilde à la décrier. Sa rupture avec le comte de Vaulaire lui enleva cette sorte de considération qui s'attache à une protection puissante. L'abandon que fit d'elle le vicomte Anselme de Nolvert la fit tomber dans une mélancolie que suivit une maladie dartreuse. Devenue laide et riche veuve, elle se trouva trop heureuse de se remarier avec Foursival que la famille Marsail travaille à faire nommer pair de France en substitution du comte Clipart; on croit qu'elle réussira, car c'est un des riches capitalistes du jour.

La double réconciliation.

La paix tarde peu à être conclue là où l'amour préside au traité.

Reflets de la Sagesse.

XXXVII.

C'était à sa campagne d'Auteuil que le marquis de Molène reçut l'invitation de son parent le comte de Vaulaire. Il était là, ruminant sur sa conduite à venir, irrité de la perfidie de son ami, et presque déterminé à ne pas l'épargner et à le provoquer au combat singulier.

Une pensée l'occupait sans cesse : il ne pouvait supporter une ingratitude aussi odieuse, et en même temps son cœur encore amoureux ressentait des crispations de rage, des fureurs nerveuses en songeant à cette femme à laquelle il sacrifiait tout ce qu'il avait de plus cher.

— Que je suis fou! se disait-il en ce moment, de me tourmenter d'une lumière qui me délivre. J'allais faire une faute : je suis dégagé. Complétons ma délivrance : mon oncle m'invite; sa fille est belle... cherchons à l'aimer, et avec cette distraction, chassons l'image de l'infidèle; ce sera certes la meilleure vengeance que je puis retirer de l'infidèle et de son infâme compagnon.

Dans ce moment, une nouvelle missive lui fut apportée. Il hésita sur ce qu'il devait faire : un premir mouvement la dirigeait vers le feu, un second la retint et le détermina, au contraire, à y lire les excuses, les mensonges dont un fourbe ingrat tâchait sans doute d'envelopper son intrigue.

C'était la réponse de Louis Dumar. Elle ne disait rien; elle ne s'exprimait qu'en termes généraux. L'innocence y était proclamée. Le temps néanmoins prouverait celle-ci.

Le marquis, indigné de mieux en mieux, la froissa, la brisa et la précipita dans les flammes.

Devait-il répondre? c'était là le moment de se prononcer; mais l'amitié qu'il avait vouée à Louis se rendit si puissante en son âme, que, honteux de sa faiblesse, il s'écria en rougissant :

— Eh bien! que Dieu le punisse, puisque ma main se refuse au secours de ma vengeance.

Dès lors, il ne s'occupa plus que de sa patrie; car la lettre de son oncle ayant été retardée, quelques heures à peine le séparaient de celle où l'on dînerait chez le comte de Vaulaire.

Depuis long-temps, il n'avait mis autant de soin à compléter sa toilette ordinaire; simple dans ses vêtemens, il y avait encore moins donné attention depuis le jour fatal où l'infidélité d'Ombeline avait été complétée. Alors, au contraire, pressé du désir de plaire, il choisit un habit neuf, un gilet de bon goût, mit des boutons de diamant à sa chemise, des bas à jour, un pantalon collant, une montre à chaîne garnie de brillans, passa diverses bagues à ses doigts blancs et effilés; content du vernis de ses souliers garnis d'une paire de boucles rondes en diamans; muni des gants jaunes indiqués déjà par la mode, il ne lui manquait que le jabot non encore exigé par la fantaisie du jour.

Ses gens, en grande livrée, montèrent derrière sa voiture de gala, aussi remarquable par les glaces, les peintures, la soierie intérieure, les bronzes dorés, les quatre chevaux noirs tous égaux, et retenus par un harnais aurore et bleu; et, à l'heure indiquée, un grand fracas annonça, dans la cour du comte de Vaulaire, la venue du marquis Eusèbe de Molène, qu'un piqueur avait précédé.

Eusèbe parvenu dans l'antichambre, fut tenté de s'en retourner, à la rencontre qu'il fit là du valet de Dumar; ce qui lui indiquait, dans le salon, la présence de son maître.

— Est-ce une réconciliation que l'on voudrait, se demanda-t-il?... Je la repousserais avec indignation; qu'il ne me pousse pas à bout, car je le stygmatiserais publiquement de sa propre conduite.

Ceci passa vite dans son imagination : Roger, en tenue de fête aussi, ouvrit les deux battans, et d'une voix de tonnerre, annonça : *Le marquis de Molène.*

A ce nom jeté, non inopinément toutefois,

mais pas attendu peut-être aussi vite, Ombeline tressaillit, pâlit, un nuage vaporeux obscurcit ses regards; machinalement elle tenta de se lever et elle retomba sans force, pouvant à peine cacher sa charmante physionomie dans son mouchoir et derrière son éventail; son frère, lui aussi, se recula derrière un homme de qualité dont l'ampleur le déroba pleinement à l'investigation du survenant.

Pourquoi le marquis fut-il lui-même troublé? Quelle pénible émotion l'agita? Il est certain qu'elle lui imprima tant d'effroi, que, devenu immobile, il s'arrêta *subito*, lorsque tous les yeux se portèrent vers les siens; le comte seul joyeux et non ému s'approcha, et se mit à lui dire:

— Eh bien! volage, trouvez-vous donc tant de jouissance à vous séparer de votre famille, qu'il faille presque employer la force pour vous déterminer à reparaître dans ses rangs? Voilà un temps énorme de semaines, de mois, peut-être, que ma petite-fille na reparu dans la maison de son père d'où elle n'aurait jamais dû sortir. Depuis lors on ne vous a vu ; la boudiez-vous? lui enviiez-vous sa position nouvelle? teniez-vous tant au titre de mon fils ?

— Eh ! monsieur, répondit Eusèbe mélancoliquement à cette question si bienveillante, c'est une qualité si précieuse, que certainement au lieu de la fuir, on la solliciterait; je sais que de plus dignes la rechercheront, et ma modestie ne me permettra pas de la leur disputer.

— Cependant je présume, repartit le comte, elle ne sera pas sauvage au point de ne pas vouloir s'inscrire sur la liste des concurrens.

— Monsieur, je serais un mauvais mari, car j'aime une créature qui ne mérite que mépris et détestation.

— Vous êtes bien sévère envers elle, mais tout le monde nous examine ; il paraît étrange que vous ne veniez pas aux genoux de votre cousine.

Eusèbe suivit tête baissée son oncle. La foule s'écarta ; un espace vide s'établit, et le comte s'adressant à sa fille :

— Voici le marquis de Molène que je vous présente, mademoiselle de Rumain.

A ce nom, comme Eusèbe leva les yeux !... Il vit Ombeline... elle... là... devant lui... à un pas... dans tout l'éclat et la magnificence de sa parure... Il n'en crut pas d'abord ses regards... mais pourtant c'est elle... non... c'est elle... Quoi ! l'ouvrière, la petite-fille, la perfide grisette... chez le comte de Vaulaire, couverte du nom de sa fille... Est-ce une mystification, une réalité ?... Non, on ne le joue pas, lui, marquis de Molène, on lui montre ce qui est ; mais cette femme n'en est pas moins une créature perdue : elle a vécu avec Louis avant d'être retrouvée par son aïeul.

Tous ces sentimens, ces pensées, ces conjectures se sont entassés dans le cœur du marquis. Il cherche à se contenir, à se vaincre. Ombeline, d'ailleurs, agitée, inquiète, troublée, tremblante, le regarde avec autant de frayeur que d'amour.

Il doit parler, car cinquante indiscrets attendent ce qu'il va dire. On lui a connu des prétentions à la fortune du comte; il ne doit pas laisser soupçonner à ceux qui ne le connaissent point que, s'il est chagrin, c'est parce que cette nouvelle venue lui dérobe une suite de riches domaines, mais tandis qu'au fond, s'il la repousse, c'est parce qu'elle a paru infidèle à son amour.

— Mademoiselle, dit-il, vous excuserez ma surprise : ce n'était pas ici que je pensais vous revoir.

— Comment ! s'écria le comte, auriez-vous rencontré ma fille ailleurs?

— Oui, monsieur... chez mademoiselle.

— Ah! son frère, sans doute, vous y aura conduit.

— Son frère! répéta Molène qu'un torrent de lumière tombant sur lui illuminait soudainement.

— Eh! oui, reprit le comte, j'aurais dû vous mettre en présence..... Tournez-vous, marquis, le voilà.

C'était Dumar. Oh! pour le coup, Eusèbe anéanti, oubliant le lieu, la compagnie, les bienséances, saisit son ancien ami par le bras; et avec une énergie chaleureuse :

— Louis, dit-il, au nom du ciel ou de l'enfer, une explication... — Qui de nous est fou? qui rêve?... Que je le sache!

—Les amans, répondit Dumar en riant, aiment à se former des obstacles. M. le comte de

Vaulaire est l'aïeul d'Ombeline, je suis son frère, et tu vas être son époux.

Le marquis se retourna vers sa maîtresse; il vit dans sa physionomie tant de passion et d'innocence, que, honteux du souvenir de sa conduite passée, lisant à livre ouvert dans le passé, il ne put que se précipiter aux genoux d'Ombeline, et là, avec non moins de véhémence :

— Pardonnez-moi, dit-il, je vous aurais moins aimée si j'eusse été moins jaloux.

Une main brûlante qui lui fut tendue, un sourire d'accord avec un regard brûlant lui apportèrent sa grâce. Il ne se releva que pour embrasser Louis Dumar et le comte, et celui-ci dit aux convives :

— Mesdames et messieurs, voilà mon gendre.

On allait complimenter l'heureuse famille, lorsque les deux battans de la porte du salon venant à s'ouvrir, le maître-d'hôtel, la serviette à la main, se présentant, dit :

— Monsieur le comte est servi.

— Mes enfans, dit Vaulaire pendant que la compagnie passait dans la salle à manger, aimez-vous, soyez en public ce que vous êtes, des personnes de qualité; mais dans votre ménage, vivez, si vous voulez être heureux, avec la simplicité bourgeoise; songez que l'on se porte malheur quand, avec réciprocité, on se nomme cérémonieusement MONSIEUR et MADAME.

FIN DU TOME SECOND ET DERNIER.

Ouvrages sous presse.

SOPHIE ARNOULT,
(Confidences galantes)
2 vol. in-8. 15 fr.

BONAPARTE
ET
LE DOGE,

Par Mme la comtesse O*** D***, auteur des *Mémoires sur Louis XVIII*. — 2 vol. in-8. 15 fr.

L'AMOUR ET LA FAIM,
Par Maximilien Perrin. — 2 vol. in-8. 15 fr.

PITIÉ POUR ELLE,
Par Couailhac, auteur de *Avant l'orgie*. — 2 vol. in-8. 15 fr.

RODOLPHE,
OU
A MOI LA FORTUNE,
Par Touchard-Lafosse. — 2 vol. in-8. 15 fr.

LA GRILLE ET LA PETITE PORTE,
Par Hippolyte BONNELLIER. — 2 vol. in-8. 15 fr.

LAGNY. — Imprimerie d'A. Le Boyer et Compagnie.

www.ingramcontent.com/pod-product-compliance
Lightning Source LLC
Chambersburg PA
CBHW050423170426
43201CB00008B/513